ドイツと日本の比較経済社会学

もうひとつの日独比較論

寺岡　寛
Teraoka Hiroshi

信山社
SHINZANSHA

はしがき

コロナ禍が長引くにつれ、その影も長くなった。世界の閉塞感は強まった。その世界も、インターネットの窓を通じて垣間見るもので、実感とも言い難い。確実であるのは、やはり私たちの身の回りの状況である。日本でも閉塞感は強い。それは急に浮上したものではない。コロナ禍がそれを焙りだしたのである。

私は、この感じはかつてのファシズムの時代といわれたころにも共通したのではないかと、思ったりした。日本はどうであったのか、ということ以上に、ドイツはどうであったのかを無性に知りたくなった。これがこの本の始まりであった。

日本とドイツの繋がりは長い。日本のいろいろな分野の歴史を紐解けば、ドイツからの輸入学問から始まるケースも多い。英米とは別の「優れた」制度がドイツにはある。このようなイメージはいまも健在だ。日本人の深層心理には、ドイツを理想視する見方がある。

理想視の背景には、理想とする国の側ではなく、理想とみなす側の問題と課題が往々にしてある。中小企業政策の研究者である私は、もっぱら日米比較を基軸に、多くの論文や著作を書いてきた。その傍らで日独比較もやってきた。私の専門分野でも、ドイツ理想論には現実とのずれもある。

さまざまな問題を抱えつつも、ドイツはうまく解決してきた。そうした思い込みが私たちの側にある。いうまでもなく、両国には共通課題も多い。それゆえ、モデル国としてドイツから大いに学ぼうという意識がある。この見方は日本の研究者だけに限ったことではなさそうだ。

たとえば、『有閑階級の理論』（一八八九年）で知られるソースティン・ヴェブレン（一八五七～一九二九）は、第一次大戦勃発の翌年に『帝政ドイツと産業革命』を発表した。英独比較の視点からドイツの近代化の特徴を論じた著作である。ヴェブレンは、帝国ドイツの将来も予想した。同時に、ヴェブレンは日本の近代化の行き詰まりを、ドイツに近似した国としても描いた。ヴェブレンにとって、ドイツと日本は近しき国と映ったようだ。かれの冷静な慧眼であった。

私たちは、従来と同様に今後も、似た者同士の意識として、ドイツを「理想モデル」とみなしてよいのかどうか。ドイツを理想国とみなす、そうした日本社会とは何であるのか。ドイツは、日本を映す「鏡」かもしれない。

私はもとよりドイツの専門家でない。いくつかの自分の関心テーマを選んで、ドイツを鏡として日本のあり方を論じた。書名は実に迷った。編集者と苦しんだ。何度も変えてみた。結局、このように落ち着いた。

二〇二三年二月

寺岡　寛

目次

はしがき

序論　交差点とは……1

ドイツ贔屓の系譜（1）
敗戦国と憲法制定（5）
日独憲法の交差点（7）

第一章　歴史比較論……10

ドイツ連邦成立史（10）
世界大戦とドイツ（17）
欧州とドイツの間（21）
有澤廣己のドイツ（25）
ヒトラーのドイツ（27）

目次

ドイツ政治の混迷（34）
ナショナリズム論（38）
第二章　社会比較論……42
多民族国家ドイツ（42）
福祉国家のドイツ（46）
河上肇のドイツ論（49）
第三章　経済比較論……53
ドイツ経済の歩み（53）
ドイツ中小工業史（56）
日独経済体制比較（59）
ドイツの戦後体制（65）
社会市場経済体制（67）
ドイツ新自由主義（69）
ドイツ経済の現状（73）

目　次

欧州連合のドイツ（79）

第四章　経営比較論……83

日独経営モデル論（83）
日独の経営比較論（90）
日本的経営論の虚（94）
経営学者のドイツ（100）
経営診断の系譜論（106）

第五章　政治比較論……115

ドイツ政治の歩み（115）
ヒトラーのドイツ（120）
アデナウアーの実（121）
日本のドイツ理想論（123）
日本のドイツ贔屓（133）
ドイツの政治家論（146）

目次

ドイツ理想論の虚（151）
第六章　モデル構築……154
日欧独の地政学論（154）
欧州ファシズム論（156）
ファシズム論とは（166）
ファシズムの日独論（174）
日本ファシズム論（184）
終　章　将来展望論……193
日独比較論の行方（193）
ドレフュス事件再訪（200）
ナショナリズム再訪（207）
デジタル社会の行方（217）
デジタル社会の不安（224）
あとがき

目　次

参考文献
人名索引
事項索引

序論　交差点とは

「一人のドイツ人は哲学を書く。二人のドイツ人は交響曲を演奏する。三人のドイツ人は戦争する。」
（開高健『声の狩人』光文社）

ドイツ贔屓の系譜

ドイツ理想論の系譜を探るには、日独交流史の歴史をみる必要がある。一五〇年ほど前、明治政府の若い幹部たちはドイツを訪れた。岩倉使節団——明治四［一八七一］年一一月～明治六［一八七三］年九月——の木戸孝允（一八三三～七七）、大久保利通（一八三〇～七八）、伊藤博文（一八四一～一九〇九）たちである。彼らは、オットー・フォン・ビスマルク（一八一五～九八）首相や軍参謀長モルトケ（一八〇〇～九一）の歓迎を受けた。一行は皇帝ヴィルヘルム一世にも謁見した。

同行の久米邦武（一八三九～一九三一）は、「この侯（ビスマルク）の威名は、方今世界に轟きて知られたるがごとし」と記した。若き指導者たちは、ビスマルクから「富国強兵」の強兵の教訓を伝授された。日本はそれまでの小国主義から大国主義——領土拡張主義——へと転換する。伊藤は、その後、憲法調査で再度ドイツを訪れた。

経済学者の河上肇（一八七九〜一九四六）は、明治の高官たちより遅く、ドイツへ渡った。河上は、かれらのドイツ贔屓を危惧した。「ドイツかぶれ」には要注意と文章に記した。

だが、伊藤たちはドイツ贔屓になった。伊藤はドイツ帝国の君主制と憲法のアイデアを持ち帰った。冷めた人物もいた。中江兆民（一八四七〜一九〇一）である。伊藤よりは少し後に生まれた。とはいえ、同じ時代の空気の下で育った。中江は土佐藩の足軽の家に生まれ、政府留学生として渡仏した。中江は実学ではなく、哲学や文学、歴史を学んだ。ドイツ留学組と異なり、フランス流の自由主義に感化された。終生、ドイツとは距離を置き（＊）、自由民権論を広めた。

＊中江は、旅で途中まで一緒だった岩倉使節団について、西洋文明に「始は驚き次は酔ひ終は狂して」と記して、大国主義に狂うことを危惧した。中江自身は、自主独立の精神＝「信義を堅守する」小国主義を推奨した。中江は帰途、ベトナムのホーチミンにも立ち寄り、欧州大国主義下の植民地の状況も知った。英国人やフランス人のアジア人への侮べつ的態度や厳しい植民政策を感じたのである。ちなみに、伊藤のプロイセン風の大日本帝国憲法について、中江は、「通読一遍ただ苦笑するのみ」とこき下ろした。

その後、日清戦争が起った。清国は「近代化」日本に敗れた。日本は軍事費以上の賠償金を得た。大国主義への足掛かりとする遼東半島も得た。だが、ロシア、フランスに加え、親日と思えたドイツにまで干渉された。やむなく、遼東半島を清国へ返還した。だが、多額の返還費を得た。以後、日本は軍備拡張へと向かう。台湾経営にも資金が要った。ビスマルクのいう、軍事力を支える経済力がなければ大国主義は維持できないという教えに、日本は気づいた。強兵のためには、富国主義の工業力を必要とした。

ロシアは隣国の朝鮮半島を挟んだ巨大な隣国であった。指導者たちは、朝鮮半島と中国東北部の満州を挟んでロシアを強く意識した。山縣有朋（一八三八〜一九二二）は、明治三九［一九〇六］年に「帝国国防方針私案」を提出して、従来の「守」から「攻」への膨張的大国主義を主張した。国民は日露戦争勝利に歓喜した。それまでの小国民意識は、根拠なき大国民意識へと変質した。

これを覚めた頭と目で見ていたのは、中江兆民の弟子筋にあたる幸徳秋水（一八七一〜一九一一）や無教会キリスト教運動の内村鑑三（一八六一〜一九三〇）であった。幸徳は世界情勢を冷静に判断し、当初から日露戦争に反対の言論活動を展開し、政府筋ににらまれた。内村は、日清戦争支持者であったことを悔いた。戦死家族の生活苦を観て、非戦論者となり、日露戦争反対の言論活動と布教運動を展開し、秋水と同様に政府から要注意人物とされた。二人の小国主義者の共通体験は、大国になりつつあった米国での生活を経験したことであった。

その後、大国主義はすこしおとなしくなる。第一次大戦下で、日本は輸出国として成長した。日本国民も「衣食足りて礼節を知る」のたとえどおり、軍備拡張の動きも沈静化し、国内生活も豊かになった。日本にもサラリーマン層が増え、自営業者も含め中間層も厚くなった。社会に余裕ができれば、政治も変わる。大正デモクラシーであった（＊）。

＊詳細はつぎの拙著を参照。寺岡寛『通史日本経済学――経済民俗学の試み――』信山社（二〇〇五年）。

日本はその後、司馬遼太郎（一九二三～九六）のいう「魔法の森」の昭和軍事体制へと移行する。満州権益＝生存圏の維持拡大という名目の下、軍事力を増強した大国主義が再び頭を持ち上げた。ただし、経済力がこれに伴わなかった。そうしたなかで、石橋湛山（＊一八八四～一九七三）は、日本の方向性を冷静に分析していた。

＊石橋は山梨県の寺に生まれ、早稲田を出て、東洋経済新聞社の記者となり「小日本」主義の論陣を張った。その後、社長を務め、戦後は首相となった。健康を害してすぐに引退した。長く首相であったなら、日本の方向も変わっていた可能性がある。石橋は早稲田での専攻は経済学ではない。ひょんなことで、東洋経済誌の経済記者となり、猛烈に勉強した人物である。石橋は、日本は満州経営を行うだけの経済力はなく、欧米が満州傀儡化の政策がけしからんというなら、すべての諸国に資本投資の機会を開放し、日本は貿易関係で国富増進をやればよいではないか、と説いた。慧眼であった。

敗戦国と憲法制定

結局、大国膨張主義のドイツと同様に、ヴェブレンの予想通り日本も戦争に敗れた。敗戦後、軍事大国への道を封印して、ドイツと同様に戦後経済のあり方を貿易立国へ舵を切った。両国の戦後新憲法――基本法――には共通点と類似点がある。二つの憲法についてふれる。占領軍総司令部で「日本国憲法」の作成に携わったベアテ・シロタ・ゴードン（＊一九二三～二〇一三）は、憲法の制定過程の生き証人でもある。

＊ベアテはロシアのキエフ（キーウ）生まれのユダヤ系ピアニストの家に生まれた。父レオ（一八八五～一九六五）は、キエフ音楽院、ペテルブルク音楽院で学び、ウィーンへも留学してピアノを学んだ。ベアテはウィーンで生まれた。レオは欧州各国でピアニストとして演奏していた。一九二九年に東京音楽学校――（現東京藝大）で教えるため来日した。レオは演奏会やラジオでのピアノ演奏で日本人にも、その名前が知られるようになる。

ベアテは、ナチスの迫害で日本へ逃れたユダヤ系ロシア人音楽家の家に生まれ、少女期を戦前日本で過ごした。ベアテは日米開戦後、米国へ移った。サンフランシスコで、日本語能力を生かし東京のラジオ放送をモニターする仕事などに就いた。この関係で、ベアテは連合軍最高司令官総司令部民生局の調査員として、日本の敗戦から四か月後に東京へ赴任した。

日本側にもいくつかの新憲法草案の用意があった（＊）。昭和二一［一九四六］年、当時、二二歳のベアテは日本の新憲法草案の作成に関わる。この作業は、わずか九日間という短期決戦であった。彼女は国民（女性）の権利にかかわる部分を担当した。早くから男女平等など基本的人権を盛り込んだ北欧憲法も参考にした。

＊近衛元首相案のほか、商法学者で商工大臣や満鉄理事を務め、戦後の幣原内閣で憲法改正担当国務大臣となった松本烝治（一八七七〜一九五四）の憲法案があった。松本草案は検討途中で新聞にリークされ、保守的であると批判を受けた。しびれを切らしたマッカーサーは、自らのスタッフに草案作成を促した。ベアテもこれに参加した。

敗戦後の混乱の下、憲法草案作成は二〇人ほどで分業のかたちをとった。焦点は天皇制をめぐるものであった。一方、ドイツの場合は、憲法制定に先立った占領国間の合意は、ナチ党国家体制とプロイセン州の解体であった。一九四八年、米国内で西側諸国——米国、英国、フランス——とドイツに占領されたベネルクス諸国——ベルギー、オランダ、ルクセンブルク——で構成された制定検討会議が開催された。結果、ソ連占領地区を除いた英米仏占領地区で、憲法制定が勧告された。

米国側の主張によって、英米仏占領地区（西ドイツ）では、連邦制を前提に州権限の強化が盛り込まれた。憲法案作成では、各州代表者＝首相による憲法制定会議が提案された。一九四八年七月に、英米仏占領地区の軍政長官は各州首相を招集し、憲法制定に関する文書を手渡した。いわゆる「フランクフルト文書」である。

連邦国家と州政府との関係性など議論された。戦後結成された政党からもいろいろな意見が出された。結局、州首相会議では暫定的な憲法＝基本法をまずは制定して、その後にドイツ国民が自主的に制定することになった。一九四九年、各州代表の評議会で憲法制定作業が軍政部の下で進められた。結果、米国型の連邦政府と州政府のシステムが優先された。一九四九年四月にドイツ側との合意が成立した。翌月、ドイツ側の評議会は基本法案を採択した。軍政部は基本法案を承認し、バイエルン州を除く各州議会で批准された。

「暫定」という意味では、当時、東西ドイツに分断された状況から再統一が予想されていたのかどうか。その後、東西ベルリンの壁が取り崩され、ドイツは再統一された。しかし、新憲法が制定されたわけではない。基本法が旧東ドイツ地域へ適用された。他方、日本は「天皇制」の新憲法の下、その維持に苦心した。つまり、戦前体制の戦後への継続性である。他方、ドイツでは戦前体制の戦後への断絶性が意識された。

日独憲法の交差点

民主的であったはずのワイマール憲法は、なぜナチ支配を招いたのか。それは、憲法を「暫定的」に停止させた悪名高き「全権委任法――（ドイツ）民族及び国家の危難を除去するための法律――」であった。戦後の基本法には、戦前体制への逆止弁がセットされた。全権委任法のような国民の基本権停止への抵抗権、ナチ党の躍進を許した内閣不信任案の乱発の防止装置――議会が次期首相候補を提示せず、不信任を提出することの禁止――。大統領権限も弱められた。ドイツ基本法には、つぎのような前文が添えられた。

「神と人間に対して自らの弁明義務を自覚し、統一欧州の同権の一員として世界平和に貢献する意志をもって、……この基本法を制定した。バーデン＝ヴュルテンベルク、バイエルン、ベルリン、……テューリンゲンの諸州（ラント）のドイツ国民は、自由な自己決定でドイツの統一と自由を達成した。これにより、当基本法は全ドイツ国民に適用される。」

欧州の中にあって、「世界平和」への貢献も記された。これは日本国憲法にも共通した。明治憲法と比べれば、はるかにわかりやすい。他方で、「恵沢（blessings）」など、米語からの翻訳臭さが残った。

「わが国全土にわたって自由のもたらす恵沢（blessings）を確保し、政府の行為によって再び戦争の惨禍が起ることのないようにすることを決意し、ここに主権（sovereign power）が国民に存することを宣言し……日本国民は、恒久の平和を念願し、人間相互の関係を支配する崇高な理想を深く自覚（deeply conscious）するのであつて、平和を愛する諸国民の公正と信義に信頼して、……われらは、平和を維持し、専制と隷従、圧迫と偏狭を地上から永遠に除去しようと努めている国際社会において、名誉ある地位を占め……。日本国民は、国家の名誉にかけ、全力をあげてこの崇高な理想と目的を達成することを誓う。」

戦後の日独比較の交差点には平和希求という共通点がある。ドイツは国民の基本権から始まる。日本は天皇に関する条項から始まる。異なるのは、第二章「戦争の放棄」である。ドイツと比較しても日本の大きな特徴である。ドイツの基本法は、その後、かなりの頻度で改正されてきた。日本国憲法は改正なく現在に至っている。日独憲法の違いの背景には、地政学的な、より具体的にはアジアの中の日本と欧州の中のドイツの違いが反映された。

こうした地政学的な考察とは別に、文化論としての日独比較は盛んである。ドイツ＝大陸国のイメージ下では、日本は島国である（＊）。大陸国家は、この点で容易に地理的境界を超えられる。それだけに、国民国家（ネーション・ステート）の時代となって、人はどこかの国の国民として地理的境界を意識した。そのことで、多くの戦乱が生み出されてきた。島国人は海という自然国境で守られてきた。その分、島の向うにある大陸に関心がある。本書では、各章でドイツを見る側の日本社会のあり方を探っていきたい。

＊同じ島国ということで、日英比較論もまた日本ではさかんに論じられてきた側面もある。

第一章　歴史比較論

「ドイツは長い間ヨーロッパの中で鬼子であった。ドイツはヨーロッパの中央に位置しながら、その大きさからしてヨーロッパの覇権を取るには小さく、無視するには大きすぎるという立場に立っていた。」

（阿部謹也『物語ドイツの歴史』中央公論新社）

ドイツ連邦成立史

ドイツ近現代史では、ドイツとナチスの登場は分かちがたい。なぜ、第一次大戦での敗戦が第二次大戦の敗戦へとつながったのか。また、なぜ、ワイマール共和国の下で、ヒトラーの独裁政治が成立したのか。第一次大戦の終戦処理が、どのようにして一九三〇年代のヒトラー出現の状況へとつながったのか。

米国の経済史家のピーター・テミンは二〇一七年に刊行した『消滅する中間階級』（邦訳『なぜ中間層は没落したのか——アメリカ二重経済のジレンマ——』）で「現代は多くの点で一九三〇年代に似た危機の時代である」と指摘して、「歴史的類比」を示唆した。彼には、現在の分断された米国社会への憂いがあった。つまり、経済の分断は、やがて政治を分断させ、結果、社会を劣化させる。その懸念である。

テミンは「経済分断のモデル」として、W・アーサー・ルイス（一九一五〜九一）の先進国と途上国との経済発展の過程を明らかにした「二重経済モデル」を応用した。このモデルでは、先進国でも発展途上国でも内部にも、二重構造が存在する。ルイスは、社会を「資本主義」部門と「生存」部門に分け、それぞれの部門の状況を説明した。このモデルは、単純さゆえにそこに内在する諸問題を浮かび上がらせた。

テミンは、米国経済など先進国経済でも二重構造があるとみた。具体的には、金融（Finance）・技術（Technology）・電子工学（Electronics）——FTE部門——と「低賃金部門」——未熟練・半熟練部門——の存在である。ドイツでも、工業化の下で、大規模製造業と中小規模製造業や手工業などの二重構造、工業に対して農業、農業でもユンカーなどの大地主層と農業労働者層の二重構造があった。ヒトラー政権の以前の時代でも、そうした社会の分断構造があった。第一次大戦後の経済的混乱は、失業層を含む低賃金層の困窮を生みだした。それがやがて社会をさらに分断させた。

そうした格差の抑圧からの解放は、政治の場でこそ早急に実行すべきであった。だが、困窮者たちが政治上の意思決定に関与できる機会は限られた。当時と現在は異なるのかどうか。テミンは、ＦＴＥ部門の興隆が新たな二重構造を形成しているとみた。この是正への取り組みが不十分な米国政治に警鐘を鳴らしたのだ。テミンはいう。

「ＦＴＥ部門が意思決定を支配し、低賃金部門はその過程から締め出される。この排除が『民主的』社会で維持される理由は、投票が特権であって権利ではないと主張し、低賃金部門の人による投票参加を制限し、さらに政策をＦＴＥ部門寄りにさせたい企業と富裕な個人が情報を拡散しているからである。要するに、私たちは『黄金律、つまり金持ちが支配するというルール』に従って生きている」（栗林寛幸訳）。

そうであれば、抑圧された困窮者たちの社会変革への政治意識が問われる。とりわけ、政府の役割への認識である。現在では、それは小さな政府と減税である。過去、それは大きな政府と財政拡大であった。現在と一九三〇年代との類似性を指摘するテミンは、学ぶべき歴史的教訓をつぎのように説く。

「アメリカにとっての危険は、二重経済と人種レトリックの組み合わせが、二重経済を永続させる政治的決定につながることである。技術変化とグローバル化の諸力がアメリカ経済を近い将来に再統合することは難しいだろう。現代は多くの点で一九三〇年代に似た危機の時代である。」

ただし、テミンの「中間層没落論」には、人種間の軋轢論がない。歴史的類比では、トランプ大統領とヒトラーの登場が対比される。トランプの人種的レトリックもまた発火点が低く、燃えやすい政治的メッセージであった。改めて一九三〇年代に先行するワイマール共和制の前後の状況をみておくべきだろう。

歴史的事象は過去と完全な決別の上に生じるものではない。つねに、それはその延長上にある。ワイマール共和国とて、プロイセン王国とは無関係ではない。プロイセン王国はビスマルクの時代でもあった。ドイツの国民意識は、隣国フランスとの確執と抑圧の下で、ナショナリズムとして成立した。それは政治家が唱えたものではなかった。まずはもって、ゲルマン神話を聞いて育ち、カント哲学の影響を受けた世代の哲学者ヨハン・ゴットリーブ・フィヒテ（一七六二〜一八四一）の言説が典型である。この世代以降、それまでの各王国の「臣民」意識は、「ドイツ国民」意識へと昇華する。

隣国フランスも好戦的であった。ナポレオンのロシア遠征——プロイセン軍も参戦させられた——もあった。遠征は失敗に帰す。プロイセン軍が独断でロシアと停戦し、中立協定を結んだ。その後、オーストリア軍などと共にナポレオンに反攻した。フランス軍は破れた。一八一四年、ウィーンで戦後処理の国際会議が開催された。会議では、各国の利害が衝突し、どの国がどの領土を獲得するかで紛糾した。プロイセンは、ザクセンの北半分などを手に入れた。

翌年、ドイツ連邦が成立。プロイセン流官僚主導の国づくりが進む。この年、ナポレオンは起死回生の戦いを挑んだ。だが、ワーテルローの戦いでプロイセンと英軍に敗退。ナポレオン時代は終わる。フランスは王政が議会を認める立憲王政となった。立憲王政の風はドイツへも吹いた。

この時代の経済社会状況は、カール・マルクス（一八一八～八三）の著作にもある。英国の産業革命を追うようにして、手工業中心のドイツ工業は変わる。機械化が進展した。多くの労働者を雇用する大規模経営が成立した。資本主義体制は、ドイツ社会にも根を下ろし始めた。手工業者や小規模経営の商人たちの経済基盤も大きな影響を受け始めた。この時代、労働者に機械的生産を合わせるのではなく、機械に労働者の労働条件を押し付けるような経営のやり方は、現場労働者の不満と結束を促した。孤高の経済学者ソースティン・ヴェブレン（一八五七～一九二九）が『営利企業論』（一九〇四年刊）で予見した通りの展開である。なんにでも作用と反作用が働く。これらは一八四〇年代のドイツ各地での労働者たちの蜂起の背景である。プロイセンの軍隊はこの動きを鎮圧した。

隣国フランスの騒動もドイツに影響を与えた。近代工場の影響を受けた手工業者たちも、蜂起の動きに呼応して騒動を起こした。一八四八年三月、ベルリンで市街戦が起こった。プロイセン国王側が降伏した。結果、フランクフルトで学者を中心とした憲法制定会議が開催された。だが、国王側も巻き返した。混乱の下、ドイツからゴールド・ラッシュに沸く米国へ向かった労働者や手工業者、失業者も多かった。

ドイツは混乱した。社会政策で労働運動に対処し、フランスを軍事制圧し、分立する王国をドイツ帝国にまとめあげたのはビスマルクであった。ビスマルク体制の下、ドイツは国力をつけていく。人には寿命がある。国にも寿命がある。盤石のビスマルクの死後、ドイツ帝国は大きな転機を迫られた。ビスマルクの外交の才を継承できる人物の登場の保証などなかった。

ビスマルク外交時代、ドイツ帝国内外の動きは騒がしかった。皇帝の度重なる暗殺事件もあった。政治的な力をつけた社会主義者への弾圧と妥協などせわしない時代であった。帝国議会では、社会民主党は投票数を確保して、労働者保護政策の要求を突き付けた。それには大きな政府が必要であり、それを支えるドイツ経済の発展が不可欠であった。一連の社会政策の背景には、労働者をいかに経済発展の不可欠な要素として組み込むか。それぞれの勢力に政治的思惑があった。

ドイツは欧州の中央にある。海軍力をもつ英国、強力な陸軍をもつフランス、広大な領土を持ちながら、領土拡張を目指すロシア、民族間の争いが絶えないバルカン諸国。これらの諸国との関係を有効に保ちつつ、国益をどのようにして確保するのか。ドイツ帝国の課題がそこにあった。本来なら、周辺諸国との戦争は回避すべき重要な外交課題であった。にもかかわらず、一九一四年六月、オーストリア・ハンガリー帝国の帝位継承者フランツ・フェルディナンド（一八六三～一九一四）夫妻は、訪問中のボスニアのサラエボで暗殺された。

私はこの地の暗殺現場を訪れたことがある。ごく普通の通りであった。この事件が欧州諸国のその後を大きく変えたことに、深く考えさせられた。ビスマルクの精密なモザイクのような外交関係——軍事協定——が玉突き的に軍事衝突を生んだ。オーストリア・ハンガリー政府はセルビアと国交を断絶した。

一か月もたたないうちに軍事行動を起こした。ロシアがセルビア支援を打ち出した。ドイツはロシアと英国に開戦。日本は、日英同盟でドイツに開戦。トルコはドイツ側に参戦。イタリアは中立後にドイツに開戦を決定。まさに、玉突き開戦の連鎖である。

ドイツはフランスとの開戦に勢力を取られるなかで、ロシア軍を打ち破った。だが、海域封鎖を強めた英国との海戦で苦戦した。Ｕボートの無差別攻撃で打開をはかった。これが米国の参戦を招いた。戦争が長期化するなかで、欧州情勢は変わっていく。ロシアでは革命が起きた。ドイツの足元でも英国海軍との海戦出撃を拒否した水兵たちの反乱が起き、ドイツ皇帝の退位を要求し、皇帝はオランダへと亡命した。一九一八年一一月のことであった。

水兵の反乱は各地の工場労働者たちのストライキと連動した。「革命」騒ぎが大きくなった。結果、社会民主党のフリードリッヒ・エーベルト（一八七一〜一九二五）が、軍部と密議の下で共和国の成立を宣言した。翌年、国民議会選挙が実施された。社会民主党が全体の三分の一以上の議席を獲得して第一党となった。この結果を受け、国民議会が一九一九年二月に、ワイマールで開催された。議会はエーベルトを初代大統領に選出した。ここらあたりまでは、わたしたちもどこかで学んだような記憶があるだろう。

世界大戦とドイツ

ワイマール共和国成立に至るまでの動きは、決して順当でもなければ、直線的なものではなかった。これは記憶にとどめておいてよい。ドイツの歴史ジャーナリストのセバスチャン・ハフナーは、キール軍港の水兵反乱に端を発したドイツ革命は、結局は「裏切られた」革命であったと指摘する。

ハフナーは、一九七〇年代末の『ドイツ革命――一九一八・一九――』（邦訳『裏切られたドイツ革命――ヒトラー前夜――』）で、カフカ（＊）の寓話『掟の門』――門の前で門番に入門をはねつけられ、門が開くのを待ち続け一生を棒に振った男の話――を例にして、当時の社会民主党の不甲斐なさをつぎのように嘆く。

「ドイツ帝国とドイツ社会民主党の歴史に眼を向けると、このカフカの寓話がおもいおこされる。この帝国と党は、ほぼ同じころに成立し、たがいを規定したようだった。つまりビスマルクがまず国家の外側を組み立て、そしてそのなかで社会民主党が勢力をのばし、いつかはその外枠に耐久性のある有効な政治的な内容をつめこもうとしたのだった。社会民主党がこれに成功していたら、あるいはドイツ帝国は、現在でもなお存在していたかもしれない。……社会民主党は、はじめからこの帝国を指導する使命をさずかっていると思い、また場合によっては帝国を救済できたかもしれないのに、七十四年にわたって帝国が存在したあいだ、一度も帝国を支配する勇気と力をふるいおこしたことはなかった」（山田義顕訳）。

＊フランツ・カフカ（一八八三～一九二四）――チェコ（当時はオーストリア・ハンガリー帝国）のプラハでユダヤ人商人の家庭に生まれる。代表作に『変身』（一九一二～一五年）がある。

ドイツ革命を契機として、新制国家の成立機会もあった。だが、労働者政党側は「一度も帝国を支配する勇気と力をふるいおこしたことはなかった」。革命政党であるはずの社会民主党は好機を逃した。むしろ抑圧する側に身を置いた。ドイツ革命は「裏切られた」。ハフナーの確かな観察眼である。ハフナーは、そこに後年のヒトラー登場の底流も見出した。

第一次大戦後の混乱期に、ドイツ革命は消滅した。ハフナーは「いまや、社会民主党がブルジョワ国家を統治し、この社会民主党によびよせられた反革命が、現実の権力の担い手としてこの国家の後ろ盾となった。……国内、プロイセン、バイエルンで、党は指導的な地位をすべて占めた。だが、その権力は空虚だった。みずら再建したブルジョワ国家のなかで、党は依然として異物のままだった。党がその国家を再建するにあたって用いた反革命的義勇軍にとって、党は依然として敵だった。そして、この労働者政党が労働者大衆の革命を打倒してしまったとき、党は自分自身の権力基盤をも破壊してしまった」と述べたのも、先の文脈に沿ったものである。

ハフナーは、第一次大戦後のドイツ革命ほど「多くの嘘がいわれてきた事件はないだろう」としたうえで、それは水兵の単なる蜂起＝反乱にすぎなかったのか。結局のところ、ハフナーは「現実に起こったのは崩壊にすぎなかった」のではないかと問う。崩壊を政治の新体制＝革命へと導くことができず、むしろ「打倒」したのは「社会民主党の指導部であり、エーベルトと彼の仲間たちだった。……社会民主党の指導者たちが革命を起こさなかったこと、また革命を望んでもいなかったこと……一九一八年の革命はロシアからの輸入品ではなく、ドイツの国産品だった。それは共産主義革命ではなく、社会民主主義革命だった……指導者たちは、ひとたび革命から国家権力をゆだねられてしまうと、この権力を利用して革命を、彼ら自身が以前から約束し、ついに実現した革命を残虐に打倒したのである。彼らは、大砲と機関銃を自分たち自身の支持者に向けた」と述べた。

この状況の背後に、ドイツ軍参謀エーリッヒ・ルーデンドルフ（一八六五〜一九三七）がいた。ドイツ軍敗北の責任も、うやむやとなった。ハフナーは、当時のことが教訓として孫たちに継承されてきたのかどうか。つぎのように指摘する。

「現在の彼らの孫たちは、その行為のことすら知ってはいない。ドイツ労働者層の革命的伝統は、消え去った。そして当時、革命の挫折に明らかに安堵し、またいい気味だと思って歓迎したドイツ・ブルジョワ層も含め、ドイツ国民全体も、この挫折のためにひどい目にあうことになった。すなわち、第三帝国、再度の世界大戦、二回目のいっそう重大な敗戦、そしてドイツ国民の統一と主権の喪失という代償を支払わなければならなかったのだ。これはすべて、社会民主党の指導者たちがよびおこした反革命のなかに、すでに萌芽があったのである。ドイツ革命が勝利していたら、そうしたことすべてからドイツを救えたかもしれない。

現在なお、あらゆる革命を『罪悪のように憎む』エーベルトのようなドイツ人が多くいる。……偉大な革命を耐えぬいた国民はすべて、誇りをいだいてそれを振り返る。勝利した革命はすべて、それをなしとげた国民をしばらくのあいだ偉大にした。十七世紀のオランダとイギリス、一八世紀と一九世紀のアメリカとフランス、二〇世紀のロシアと中国のように、国民を衰弱させるのは、勝利した革命ではなく、息の根をとめられ、抑圧された革命、裏切られ、否定された革命である。ドイツは、一九一八年の裏切られた革命のために、現在なお病んでいる。」

歴史的認識とはやっかいである。世代が変われば、歴史的教訓は、肌感覚の生きた知恵として継承されない。ましてや、欧州でのドイツの歴史は、アジアのなかの日本とは明らかに異なる。私たちはそこから白黒はっきりとした教訓は引き出せない。人は時間の経過とともに、同様な過ちを繰り返す。

このように、ハフナーは第一次大戦後の数年間のドイツ国内の動きを詳細に描いた。連合国側の動きはどうだったろうか。ハフナーの描く数年間のドイツをみても、君主と軍人を「愛する」国がドイツであった。そうでなかった時期の方が、ドイツ史では例外的な時期ではなかったのか。私などはそう感じる。

あらためて、ヨーロッパ中央のドイツ以前に、ヨーロッパ史そのものが戦争の歴史であった。それは領土と国境の変更の絶え間ない歴史である。また、ドイツという国以前に、ドイツ人とは何であったのか。ドイツ人とドイツの歴史には、つねに皮肉なパラドクスがある。西洋史学者の阿部謹也は、『物語ドイツの歴史――ドイツ的とは何か――』で、ドイツの中世史に言及して、つぎのように指摘する。

「中世のドイツは帝国としてヨーロッパの中で優位に立っていた。しかしまさにそれ故にドイツは国家形成において他のヨーロッパ諸国からおくれをとったのである。他の諸国が中央集権国家を形成していくときにドイツでは逆に中央集権国家が解体していたのである。……ヨーロッパの諸国が最も発展していった時期に、ドイツは三十年戦争を経験し、人口の三分の一を失った。この体験はドイツ人に大きな傷跡を残した。」

日本とドイツの比較の際に、これは重要な視点である。阿部は、私たちが時に「ドイツ的」とみることを、欧州史のなかでとらえなおした研究者である。そもそも、「……的」の「的」とはあいまいである。それは、「型」と断定できない場合の物言いである。「日本的」といった場合も同様である。ただし、「ヨーロッパ的」の対比で、「日本的」はそれなりのイメージをつくる。

欧州とドイツの間

「ヨーロッパ的」とは何か。「ドイツ的」は、「ヨーロッパ的」に埋没しない。その「ドイツ的」は何か。「ヨーロッパ的」とは異なる「ヨーロッパ的」ではない「ドイツ的」とは何か。日本人の思い描く「ドイツ的」とは何か。

阿部の「ヨーロッパ的」や「ドイツ的」は、ハフナーの「ヨーロッパ的」「ドイツ的」とは異なる。

「ドイツ的」なる内実も、ワイマール共和国とそれ以降では変化している。ワイマール共和国のドイツに滞在し、のちに『ワイマール共和国物語』を著した経済学者の有澤廣己（一八九六～一九八八）の視点をみておく。有澤のワイマール体制論にふれるまえに、欧州史そのものにふれておこう。

欧州「地域」とは、多様な自然と地理的特徴の狭い空間に、異なる言語を持つ人たちの生活圏である。このことを理解しておかないと、民族間の果てしない戦争の背景がわからない。宗教戦争のかたちをとっても、複雑な経済的利害が絡んだ。欧州史の戦争要因とされる「生存圏」の認識は、ヨーロッパ人の歴史感覚でもある。

ハンガリー生まれのユダヤ人のジョージ・フリードマンは、欧州動乱の下、両親や姉とともにユダヤ人迫害を逃れ、米国へ渡り、米国で博士号を取得、大学教員から世界情勢分析のコンサルタント会社を興した。フリードマンは『引火点――欧州の新たな危機――』（邦訳『ヨーロッパ炎上――新・一〇〇年予測、動乱の地政学――』）で、欧州社会の歴史を振り返り、今後を展望する。

フリードマンにとり、「欧州」の地理と文化はつねに欧州を炎上させてきた。その構造は現在も変化していない。ゆえに、現在も今後も同種の問題を浮上させる。ドイツの将来も、世界大戦を引き起こした構造が温存され、同じ課題に直面する。フリードマンの予想である。

フリードマンは「第一次世界大戦があったからといって、何かが解決したわけではないのだ。それは、ドイツの地位をめぐる戦争だった。ドイツは一八七一年に統一を果たしたが、そのことがヨーロッパの均衡と安定に大きな影響を与え、混沌へと導いた。……第一次世界大戦によってドイツの地位が定まることはなかった。地政学的な脅威はなくならず、そこにイデオロギー的な憤怒が加わることになってしまった」と分析し、改めて米国との関係で「欧州とは何か」を問う。彼は、父親の経験を思い起こし、つぎのように指摘した。

「ヨーロッパは、狼のような人間と、その餌食になる人たちしかいない場所だった。……父は決してロシア人を許さなかった。ナチスの生んだ恐怖を彼らが引き継いだからだ。父はフランス人も許さなかった。腐敗して弱く、わずか六週間で戦争に負けてしまったからだ。自らの力で立とうとせず、フランスに頼っていたポーランド人も許さなかった。……彼は二度とハンガリーにもヨーロッパにも戻らなかった。行ってみたいとも思わなかったようだ。大学生の頃、私は父に尋ねた。『ヨーロッパは以前とは変わったのだから、それを認めたらどうか』と。父の答えは『ヨーロッパは絶対に変わらない。ただ、何もなかったことにしてしまうだけだ』という明快なものだった。

現在のEUを見ていると、父の言葉を思い出すという。EUとはまさに『何もなかったことにしてしまう』ための機関だからだ」（櫻井祐子訳）。

フリードマン風にいえば、欧州連合は、ドイツにとって欧州への復帰組織であり、フランスにとっては隣国との軋轢を制度化した組織でもあった。だが、EU脱退の英国や中東欧諸国など周辺国にとって、その意味は異なる。生存圏の戦いを続けてきた諸国間で、EUの利害は一枚岩ではない。どの国も生存圏のために緩衝地帯を必要とした。隣国同士の平和――戦争状態ではないこと――が重視された。外交による均衡状態と軍備均衡が必要とされた。あるいは、戦争により支配権の実行を確立すること。これはウクライナ紛争を思い浮かべれば、はっきりする。

先に経済的利害にふれた。これにも説明がいる。産業革命による資本主義経済の発展以前において、農業経済が中核であった。その周辺に手工業、重商主義を支えた海外貿易があった。そこに、カトリック教会とその組織の利害もが絡んだ。カトリック教会は、寄進によって巨大化した大地主でもあった。

ヨーロッパ中世は、カトリック中心のキリスト教世界であった。

この時代、国家意識は希薄であった。聖職者、貴族、平民――農民、商人、手工業者――の身分制の下、平民は貴族である封建諸侯の土地に連なった。それは土地であって国家ではなかった。その後、商工業者――いわゆるブルジョワ層――の成長で、身分制は変化する。資本主義経済が緒についたころのヨーロッパ地図では、日本の戦国時代のように群雄割拠の小国があちらこちらにあった。

ドイツでも、皇帝と教皇との間で「権力」闘争が長々と続いた。小国君主たちの統一国家への道は閉ざされていた。小国といっても、独立的な都市もあった。農村主体の地域を支配した小国もあった。そうした地域間のいざこざは、弓と刀の時代、殺戮の範囲は限定的であった。だが、産業革命後の「技術革新」で工場生産による大量殺りく兵器が登場した。大量破壊と大量殺戮が普通になった。工場生産の拡大は多くの労働者を必要とした。工場生産の拡大は、環境破壊と劣悪な労働環境の下、使い捨てにされた労働者の結束を促した。英国とは異なり、プロイセンは国家主導の産業革命を進めた。英国へのキャッチング・アップ期間を短縮するには、プロイセンは国家主導の労使関係管理を必要とした。

有澤廣己のドイツ

有澤廣己のワイマール共和国観へ戻っておく。有澤は、一九二六年三月からベルリンで留学生活を始めた。以後二年間にわたって、第一次大戦後からワイマール共和国中期までドイツで生活した。有澤はベルリンに到着後、すぐにライヒスバンク総裁シャハト（一八七七〜一九七〇）の『マルクの安定』を読み、「ドイツの繁栄が借金経済にもとづく見せかけの繁栄であることに対するシャハトの警告にも、全く同感であった」と記した。

その後、シャハトは総裁を辞職した。その後、ヒトラー政権の下で総裁へと復帰した。有澤は「目をみはった。シャハトに対する幻滅から、怒りがまきおこった。その怒りはシャハトに対してではなく、自分自身にむけられるべきであった。私はそれまで実は人としてのシャハトを識らなかったのだ。知っていると思っていたのは、ただ彼の『金融的魔法』だけであった」と回顧している。『ワイマール共和国物語』がワイマール共和国の人物像に焦点を絞ったのは、彼のシャハトへの見方からきたに違いない。有澤のようなワイマール共和国人物物語のような著作もあってもよい。

有澤は、ヒトラーの登場前史として、ドイツ経済の不安定性を強く意識していた。有澤は下宿先の体験談をつぎのように紹介し、ワイマール共和国の内在的危うさを示唆した。

「私の下宿した家の主人、陸軍大佐の未亡人は、インフレーション時代の苦しい生活を語って聞かせるとき、何度 furchtbar（恐ろしい）とか schrecklich（忌まわしい）という言葉をくりかえしたことか。彼女は軍人貴族年金で暮らしていたが、インフレーションの嵐の前にはどうすることもできなかった。若干の貯蓄と宝石の売却で食いつないでいたが、それも限りがあった。ただ夫の陸軍大佐時代からの彼女の住居には広い応接間と食堂とがあった。それを日本人の留学生に賃貸し、その部屋代で細々と親娘二人の生計をどうにか立てることができたのであった。……このガウアー夫人は、それでも広い住居をもっていたので、恵まれていたといえよう。インフレーションの犠牲者はドイツ中間階層であり、賃金・俸給所得者であった。精神的活動や営業的活動に従事していた中産階級は健全な国民の背骨であり、伝統的な国家思想の把持者であった。彼らの貯蓄は最後のものまで失い、国会に対する彼らの献身を彼らのすべての財産をもって支払い、みずからプロレタリア化したのだ。……このような狂乱の日々にあって、国民大衆の間に絶望感が拡がり、不穏な空気が高まり、時には暴力的行為（商店の略奪など）が起こったとしても不思議ではない。」

ワイマール共和国の下で、ラインラントの独立騒ぎなども起きた。共和国解体の危機も広がった。有澤は「その危機を救ったのは、大工業と金融資本の党、ドイツ国民党の党首グスターー・シュトレーゼマンその人であった。歴史は皮肉なものであると人はいう。この場合もその事例の一つに当たるように思えるが、しかし私はそれよりも歴史は教訓的であると考えたい」と指摘する。

とはいえ、その後のストレーゼマン（一八七八～一九二九）の孤軍奮闘にも限界があった。個人の奮闘を上回る時代の巨大な力の働きがあった。有澤も、ワイマール共和国の共和制民主主義の保持の難しさにふれている。それこそが歴史の教訓といってよい。

ヒトラーのドイツ

この時期の同時代史としての日本を取り上げる場合、アドルフ・ヒトラー（一八八九～一九四五）との対比で東条英機（一八八四～一九四八）から始める人は、さほど多くはない。ドイツには長い前史がある。だが、ヒトラーの時代を抜きにして語れない。

ヒトラーは、オーストリア税関官吏の家に生まれた。ヒトラーは、第一次大戦では志願兵となった。戦後、ドイツ労働者党へ入党した。ドイツ労働者党（Deutsche Arbeitpartei）は、アントン・ドレクスラー（一八八四～一九四二）たちドイツ国有鉄道中央工場の労働者によって一九一九年一月に結成された。政党結成は、ドイツ降伏からわずか二か月後であった。

ドレクスラーは、ミュンヘンでドイツ国有鉄道中央工場に働く労働者家庭に生まれ、父と同じ仕上工となった。ドレクスラーの政党結成の背景には、第一次大戦下のドイツ・ナショナリズムが敗戦で一挙に高まり、すぐに冷却された心理的反動があった。人びとの不安感が広まっていた。党首ドレクスラーは、二つの「反」の思想の持主であった。反マルクス主義と反ユダヤ主義である。

党名をナチ党――国民社会主義ドイツ労働者党（Nationalsozialistische Deutsche Arbeiterpartei）――に改名した。退役兵ヒトラーは、一九二一年、ナチス党の党首（第一議長）となった。その後、フューラー（総統）と呼ばれる。短期間にトップへと駆け上がれたのは、演説の巧みさとカリスマ性にあった。ヒトラーは、党記章のハーケンクロイツとともに、ドレクスラーたちの反マルクス主義と反ユダヤ主義を継承した。

ヒトラーのナチス党は、過激で暴力的な示威行動をとった。プロイセン、ザクセン、チューリンゲンなどの州で政治活動は禁止された。だが、バイエルン州で党勢を伸ばした。国民的労働者政党を掲げたナチス党は、マルクス主義とは異なる社会主義のイデオロギーを示す必要があった。この小さな政党がドイツ国会選挙で一二議席を占めたのは一九二八年であった。

わずか五年後、この党は近代工業部門の労働者層――ブルーカラー――だけでなく管理者層――ホワイトカラー――に加え、農民層、手工業者や商店主など中間社会層を取り込んだ。ドイツ社会民主党を抑えて第一党の地位――国民政党――を獲得した。背景に、世界恐慌の社会不安があった。短期間にヒトラーとナチス党が火勢を増したのは、すぐにでも発火しそうな社会不安の拡がりがあった。

ナチ党文書やヒトラーの言説を丹念に分析したドイツ現代史研究者の中村幹雄は、『ナチ党の思想と運動』で、この時期のナチス党の思想、とりわけ、その領土拡張的な「生存圏」構想――ドイツ民族扶養構想――に注目し、ヒトラーの経済観をつぎのようにとらえた。

「ヒトラーは工業国家の数が増大すればするほど、一国の輸出市場が縮小するという危険を指摘し、この傾向が進展する場合、工業生産と輸出とに依存する国家には、近い将来、破局が到来すると警告する。以上の論拠から、彼は商工業振興の道を否認する。……ヒトラーは、（1）人口数を土地面積に合わせるやり方をしりぞけ、それに代り（2）土地面積を人口数に合わせるやり方をドイツが断固として採用すべきことを力説する。（中略）……見落としてならないのは、生存圏構想の成熟にともなって、ヒトラーの中に社会ダーウィン主義の思考が自覚化、かつ進化され、しかもこの思考に基づいて生存圏拡大の構想が正当化されてゆくことである。（中略）……武力によって他民族ないし国家から土地を奪取する必要性を力説する。」

中村がいうように、ヒトラーが農民層を重視し、商工業振興の道を否認したとしても、当時のドイツは農業国家から脱して工業国家の道を歩んでいた。ナチ党はどのような経済政策を志向していたのか。

ナチ党は一九三一年一月に経済政策局を設けた。トップに反大企業で中間層――中小企業等――支援派のオットー・ヴァグナー（一八八八〜一九七一）をトップにすえた。ヴァグナーは実業家の家庭に生まれ軍人となった。その後、経済学を学び実業家に転じ、家業の経営や貿易会社なども起こしたほか、帝国議会の議員を務め、大学でも教鞭をとった。

ナチ党の経済政策にふれる前に、「ドイツ民族の生存圏」にふれる必要がある。これは、国際連盟脱退の演説の全権松岡洋右（一八八〇～一九四六）の発言「生命線」と近似する。要するに、狭隘な国土に多くの人口を抱える日本もドイツも、領土拡大なくして膨大な国内人口を扶養しえないことに対する政治的スローガンでもあった。日本もドイツと同様に北米や南米などへの移民国家であった。ヒトラーも、「ドイツ民族の死活問題」と「人口増大と国土膨張」を結びつけた発言を繰り返した。

ヴァグナーは、資本主義＝自由主義体制には批判的であった。規制のない市場経済体制の下では、大企業はカルテル、トラストやコンツェルンを通して独占度を高め、ますます経済的強者になる。一方で、中小企業者や商店主などは経済的弱者へと滑り落ちていくとみた。大企業による市場支配――大銀行や大百貨店の成長――は、ドイツ民族の「分断」をもたらすと危惧した。ヒトラーは、ヴァグナーの経済観の影響を受けたことは想像に難くない。ヴァグナーも、ナチ党の支持基盤に農民層と中間層をとどめておくための政策提言を行った。日独比較では、日本もまた疲弊する農村への救貧対策を重視した。だが、都市の中小商工業政策までは十分手が回らなかった（＊）。

＊ここでは詳細にふれる余裕はない。つぎの拙著を参照のこと。寺岡寛『日本の中小企業政策』有斐閣（一九九七年）、同『中小企業政策の日本的構図――日本の戦前・戦中・戦後――』有斐閣（二〇〇〇年）。

中村は、ヴァグナーの経済思想を象徴したのは「田園都市」構想であったとして、つぎのように紹介する。

「従来の工業＝輸出優先政策を大きな誤りとみなし、都市に立地する工業を農村地域に移転せしめて耕地・菜園つきの労働住宅を建設し、工業中心地＝都市人口を農村へ分散・移住せしめるという、一種の田園都市設立の行動である。……ドイツにおける激しい非難の鉾先を向ける農業ロマン主義の潮流の一翼として出現した」。

中村は、ヴァグナーの田園都市構想や工業、商業、手工業などの社会層を「運命共同体」とみなす構想の実現性を疑問視した。政府が、「大企業の力を有効に制禦」しながら、農民や都市中間層との共栄をはかることなど、「空想性、漠然性に驚きの念を禁じえない」と評価する。

ここでナチ党の正式名称である Nationalsozialistische Deutsche Arbeiterpartei を読み解く。最初の National は「国家」というよりも、（国民）あるいは「民族」である。つぎの Sozialistische は「社会主義」である。Arbeiterpartei は「労働者党」である。

この三つの要素、「ドイツ国民（民族）主義」、「社会主義」、「労働者」を統合した名称が何を意味したのか。ナチ党という一つの政党に、「民族主義」と「社会主義」の下、「労働者政党」といいながら、財界人、農民、中小商工業者を組織できたのかどうか。経済的利害も異なる。政党的に一枚岩にはなり得ない。必然、民族主義を強力な接着剤とした。ただし、これは、当時の雰囲気や光景を共有できない私たちにとり、理解しやすいように単純化させた構図である。

中小商工業者対策については、ナチ党は百貨店や消費者組合への反対運動リーダーのシュツルムを据えた。シュツルムは、ユダヤ資本の百貨店や消費者組合への不買運動を進め、ドイツ人商店からの購入運動を展開した。これは中小商工業者のナチ党への取り込みであった。ただし、ナチ党の反百貨店運動は、この時期に創始されたわけではない。ナチ党は、一九二〇年代後半から反百貨店運動＝不買宣伝を「ユダヤ商法」に等値させ展開した。

同じ時期、米国で反チェイン・ストア運動が、日本で反百貨店運動が展開していた。米国では、チェイン・ストアに対抗した「ロビンソン・パットマン法」が、日本では「百貨店法」が成立した（＊）。ドイツでは、チェイン・ストアは百貨店資本の支配下にあった。消費者組合への反対運動は、日本でもみられた。いずれの国にも共通するのは、大恐慌下の失業者の増大と消費の落ち込みによるデフレ経済の深刻さであった。安売り商法のディスカウント型チェイン・ストアや顧客サービス重視の百貨店に、町の小さな商店は苦戦した。

＊詳細はつぎの拙著を参照。寺岡寛『アメリカの中小企業政策』信山社（一九九一年）。同『日本の中小企業政策』有斐閣（一九九七年）。

米国では、公正競争条件を課す「ロビンソン・パットマン法」案が連邦議会に上った。この制定運動を知る商業者の割合は低かった。日本でも営業時間の制約を課す「百貨店法」が制定された。だが、その有効性を信じる商業者が多くいたとは思えない。大不況期での事業者の利害関係が複雑に絡まった。ドイツでは、第二帝政時代に、中小商業者の反百貨店運動として、百貨店への特別税がすでに導入された。消費者組合への設立抑制や課税を求める運動もこの時期にすでに始まっていた。

ナチ党が中小商業者の反百貨店運動を支持したのは、百貨店の成長を意識したからであった。投石やショーウィンドウの破壊など暴力行為もあった。ナチ党は百貨店の増設抑制や課税強化を打ち出した。中小商工業――手工業者を含む――とナチ党との関係性は、大不況期下の彼らの経済的苦境がナチ党の興隆に結び付いたためか。あるいは、ナチ党がそのような状況を党勢の拡大に利用したのか。おそらく、相互作用が働いた。

他方で、ナチ党がドイツ戦時体制を構築した。圧倒的な生産力をもつ大工業の動員がなければ不可能であった。ヒトラーは、ベルリンの経済記者出身で経済大臣やライヒスバンク総裁となるヴァルター・フンク（一八九〇～一九六〇）のような大企業よりの人物も重用した。

ドイツ史年表から、ナチ党の歩みを振り返っておく。ナチ党が国政選挙で第一党となるのは、一九三二年七月である。その後の選挙では、ナチ党は議席を減らした。だが、翌年一月、アドルフ・ヒトラーは首相となった。三月には、悪名高い『全権委任法』が可決された。翌月、ユダヤ系商店の不買運動が全国に拡大した。官庁からのユダヤ人追放も展開する。その後、新たな政党が禁止され、ドイツ国家は敗戦までナチ党の一党独裁の下に置かれた。ちなみに、この年の九月に、失業者対策＝公共事業としてのアウトバーン――道路網――工事がスタートした。

ドイツ政治の混迷

ユンカー出身の軍人政治家で、ワイマール共和国第二代大統領で、一九三二年の大統領選にも勝利したヒンデンブルク（一八四七〜一九三四）が死去した。ヒンデンブルクは、前年にヒトラーを首相に任命した。一九三四年八月一日、ヒトラーは「ドイツ帝国元首法」により大統領（総統）と首相を兼任した。一九三五年に、ドイツは徴兵制を復活させ、軍備拡張へと突き進んだ。同年九月、「ニュールンベルク人種法」により、ユダヤ人は公民権をはく奪された。

一九三六年八月にベルリン夏季五輪（オリンピック）が開催。年末にはドイツの若者を組織するヒトラー・ユーゲント（国家青少年団）が結成。翌年、実質上のワイマール憲法を停止させた「全権委任法」が四年延長となった。一九三八年二月、伍長出身のヒトラーはドイツ国防軍統合司令部の最高指揮官に就任、翌月にオーストリアを併合した。以降、ヒトラーは「領土」内からのユダヤ人追放と「領土」の拡大をはかる。

一九三八年九月にはチェコのズデーデン地方の併合、翌年三月にはチョコスロバキアへ軍事侵攻、八月にはソ連と「不可侵条約」を締結。翌月に、ドイツ軍はポーランドを占領。第二次世界大戦が始まった。ドイツは「戦時経済令」を布告、戦時経済体制へと移行した。一九四〇年四月、ドイツ軍はデンマークとノルウェーへ、翌月にはオランダ、ベルギー、フランスへ軍事侵攻した。フランスは一か月余で降伏した。九月、ドイツは日本、イタリアと「三国同盟」締結。

一九四一年三月、ドイツはユダヤ人の強制労働を義務化した。四月、ドイツ軍はギリシャ、ユーゴスラビアへ侵攻。二か月半後、ドイツ軍を疲弊させる独ソ戦が始まった。一〇月、ドイツ国内のユダヤ人の国外移住が禁止され、アウシュビッツに強制収容所の建設が始まった。ソ連の反攻にドイツ軍が苦戦するなかで、ヒトラーは米国へ宣戦を布告した。

一九四二年一月、欧州ユダヤ人の「絶滅方針」を決定したヴァンゼー会議が開催。強制（絶滅）収容所で殺戮が繰り返される。一九四三年二月、ドイツ軍は厳冬のスターリングラード戦でソ連軍に降伏した。九月、イタリア、連合軍に降伏。一九四四年、連合軍はフランスのノルマンディ地方に上陸し、ドイツ本土へ進軍開始。一九四五年四月、ベルリンで市街戦、同月三〇日、ヒトラーは自殺し、翌月、ドイツは無条件降伏した。

敗戦国ドイツは、一九九〇年一〇月三日のドイツの再統一まで東西に分断された。個人史では、その瞬間を出張中のスイス・チューリッヒのホテルのテレビで見ていた。私の記憶では、西ドイツ（ドイツ連邦共和国）の第四代首相（一九六九〜七四年）であったヴィリー・ブラント（一九一三〜九二）がテレビ番組に登場して、戦後ドイツの歩みを回顧していた。

その日の午後は、白ワインを注文して、ちびちび飲みながらブラントの語りを聞いているうちに寝入ってしまった。起きるとまだブラントの語りが続いていた。忘れがたい一日であった。

ブラントはドイツ北部旧ハンザ同盟の港湾都市リューベックの労働者家庭に生まれた。当時のドイツ社会民主党に入党、ナチ党と対立しノルウェーへ脱出した。戦後、西ベルリン市長をへて、社会民主党党首となった。一九六六年、当時のキリスト教同盟との連立内閣で外相として入閣。三年後、自由民主党との連立内閣で首相となる。ブラントは、一貫して東ドイツや東欧諸国との積極外交を展開し、その後の東西ドイツ統一への礎を築いた。一九七一年に、ブラントはノーベル平和賞を与えられた。

現代ドイツ史を振り返ると、ドイツ国民がヒトラーとナチ党の「魔法」にかけられた存在だけの印象がある。ベルリン郊外の処刑場で多くの市民が残虐なギロチン刑で命を奪われるなか、それぞれの立場でナチ党に抵抗し、ユダヤ人一家をかくまった名もなき市民たちや宗教者もいた。抵抗者は、映画「シンドラーのリスト」の実業家オスカー・シンドラー（一九〇八～八六）だけではなかった。ヒトラーに抗したドイツ国民の名誉のためにふれるべきことも多い。

ユダヤ人排斥が国是となり、ユダヤ人を援助するドイツ市民に対して、一九三四年末制定の「悪意法」によって厳しい処罰が下された。密告によって、多くのドイツ人も命を失った。国家反逆罪による処刑費用は家族などに請求された。ナチ党政権末期、ドイツ敗戦が色濃くなった一九四四年七月二〇日、南ドイツの名門家出身でドイツ陸軍将校クラウス・フォン・シュタウフェンベルク（一九〇七～四四）は、ヒトラーの暗殺を企てた。ヒトラーは軽傷で助かった。いわゆる「七月二〇日事件」である。七〇〇〇人が逮捕され、二〇〇人が処刑されたといわれる。

密告制度と残忍な見せしめ処刑で、ナチ党の恐怖政治がドイツ国内を覆った。そうしたなか、当初からヒトラーたちナチ党関係者に反旗を翻した人たち、ヒトラーの暗殺計画は、わかっているだけでも未遂を含め四〇件以上といわれる。暗殺を試みたドイツ国軍の軍人たち、ユダヤ系ポーランド人をかくまった軍人たちもいた。また、途中からナチ党の政策に疑問を抱き反ナチ運動へと転じた勇気ある市井のドイツ国民もいた。

しかしながら、ナチ党の圧倒的支配力の下で、そのような勇気あるドイツ人は少数派にとどまった。首都ベルリンの陥落寸前まで、ヒトラーたちが統制を維持できたのは、連合軍の爆撃を予想し、地下軍需工場や軍施設を建設したほかに、ベルリン市民の多くを収容できる地下都市ともいえる地下壕を張り巡らせ、市民生活の維持に神経をとがらせたからであろう。

ドイツ教育史研究者の對馬達雄は、『ヒトラーに抵抗した人々――反ナチ市民の勇気とは何か――』で、反ヒトラー活動に関わったドイツ国民は、「圧倒的多数のヒトラー支持国民からみるとごく少数で、各地に分散して活動していたが、ナチズム（ナチ党の思想と政策）に反対して立ち向かったドイツ人たちである。彼らは無名の男女小民から文民エリートと目される人びとまで各界各層におよぶ。だがその行動はいずれも他者に強いられたのではなく、あくまでも一市民として自分の意志にもとづく」と前置きしたうえで、つぎのように指摘する。

「まず留意したいのは、ヒトラー独裁が国民に支持された体制だったことである。これまで語られてきたドイツ国民は、ナチプロパガンダにのせられて同調したか、テロルの恐怖に脅され受け身の態度を強いられたとされている。『過去に目を閉ざす者は現在にも盲目になる』の言葉で有名なヴァイツゼッカー西ドイツ大統領の終戦四〇周年演説（邦訳『荒野の四〇年』）が、五月八日の終戦の日を国民すべての『解放の日』と表現するのも、そうした国民観を基本にしている。だが話はそんなに単純ではない。『解放』された国民大衆がじつは圧倒的にナチ支配を支え続けたことが曖昧にされている。」

對馬は、秘密国家警察（ゲシュタポ）の一方的な威嚇＝強権支配ではなく、ドイツ国民からの「同意の独裁」という相互作用の存在を指摘する。戦後占領下でもヒトラー支持者はいたし、また、現在もまたヒトラーの隠れ支持者がいる。その底流は、現在の移民排斥運動やヘイトスピーチにも見え隠れする。對馬は警鐘を鳴らす。ドイツ各地で記念館での反ナチ展示や追悼碑が建設されてきた。だが、人の意識は、世代交代とともに薄れる。戦前の記憶は風化する。これは日本もまた同様である。

ところで、ナチ党のドイツ語党名の「民族（国民）」＝ナチオナールとは何であろうか。ワイマール共和国は、厳しい経済状況の下で危機に陥った。ドイツ経済は大恐慌の影響で、米国経済以上にデフレ経済下の深刻な失業問題に苦しんだ。ドイツ社会は、経済回復の出口を見出し得ないまま増え続ける失業者と犯罪者によって不安定な状況となった。これは繰り返し指摘したところである。

ナショナリズム論

ナチ党の掲げたドイツ・ナショナリズムとは何であったのか。ドイツ系ユダヤ人でロンドン大学の哲学教授アーネスト・ゲルナー（一九二五〜七五）は、『国家とナショナリズム』で、ナチズムに関連させて、「ナショナリズム」をつぎのように定義する。

「ナショナリズムとは、第一義的には、政治的な単位と民俗的な単位が一致しなければならないと主張する一つの政治的原理である。

感情としての、あるいは運動としてのナショナリズムは、この原理によって最も適切に定義することができる。ナショナリズムの感情とは、この原理を侵害されることによって呼び起こされる怒りの気持ちであり、また、この原理が実現されたときに生じる満ち足りた気分である。ナショナリズムの運動とは、この種の感情によって動機づけられたものにほかならない」（加藤節訳）。

ナチオナール（ナショナル）＝国民という意識の成立以前に、人びとは血縁集団単位への帰属感があった。血縁集団は同一言語によって成立した。国民国家とは、民俗的出自が異なる人びとの集団をも含む「共同体」である。英国出身の政治学者ベネディクト・アンダーソン（一九三六〜二〇一五）の指摘した「同一言語教育を媒介にした創造の共同体」＝国民国家でもある（『創造の共同体――ナショナリズムの起源と波及――』）。

ベルナー自身は、国民国家の「国民＝ナショナル」を支えるナショナリズムを「驚くほど弱々しいものと」とみていた。それゆえに、つぎのように指摘した。

「ナショナリズムとは、文化と政治体と一致させ、分解にその自前の政治的屋根を、しかも一つの文化に一つだけの屋根を与えようと努めることである。つかまえどころのない概念たる文化……少なくとも暫定的に受け入れられる文化の基準は、言語であろう。……言語の違いは必ず文化の相違を伴うこと（必ずしもその逆は言えないが）を、しばらくの間認めようではないか。」

『ナショナル・アイデンティティ』（邦訳『ナショナリズムの生命力』）を著したアンソニー・スミスも指摘するように、「言語」、とりわけ、共通言語がナショナリズムに果たした役割は大きい。日本でも、明治政府以降の標準日本語の普及とナショナリズムの関係を切り離して論じられない。ロシアやスェーデンの支配下にあったフィンランドも（＊）、フィンランド語の確立と初等教育でのフィンランド語の普及なしに、フィンランド独立運動の機運も高まらなかったであろう。

＊詳細はつぎの拙著を参照。寺岡寛『比較経済社会学——フィンランドモデルと日本モデル——』信山社（二〇〇六年）。

ゲルナーも、国家の教育制度を重要な「社会的インフラストラクチャー」＝「国家の非常に重要な一部」であり、「文化的・言語的媒体の維持が教育の中心的役割となる」とみて、「ナショナリズムとは、読み書き能力を基礎とする高文化（＊）に参加し、関係し、同一化することに関わる」とした。

彼は、ナショナリズムの虚偽性について、特定の社会条件の下でのみ普及し支配的となる「きわめて特殊な種類の愛国主義」ととらえる。だが、ゲルナー自身は「なぜナショナリズムが登場し普及するようになったのか」を説明できても、「ヒトラーやムッソリーニ時代のそれが、なぜあれほどまでに猛毒をまき散らすものになったのか」という点には踏み込んでいない。

＊高文化とは「高文脈文化」（high-context cultures）であり、低文化（低文脈文化—low-context cultures）との対比で使われている。米国の文化人類学者エドワード・ホール（一九一四〜二〇〇九）が提唱した。日本語が高文化の事例として挙げられる。実際の言葉として表現された内容よりも豊かな内容が伝達される。他方、低文化の言語はドイツ語とされる。

ゲルナー自身はナチズムへの言及にはストイックであった。だが、ヒトラーたちナチ党の幹部たちは、ドイツ国民にドイツ民族の優秀性を説き、ナショナリズムとしての熱量を高めることに成功した。これは間違いない。前出のアンソニー・スミスは、ナショナリズムは自然に根付くものではない。根付かせるためには「ナショナルな文化的・政治的なアイデンティティを利用するか、さもなければつくりだす（しばしばその両方とも）必要がある」と主張したのもそのためだ。

この点は、国民啓蒙・宣伝相パウル・ヨーゼフ・ゲッペルス（一八九七〜一九四五）の存在があった。ナチ党の強力な宣伝力はゲッペルスなくしては語れない。ゲッペルスはドイツ国民の文化的・政治的なアイデンティティを創り出した人物であった。

戦前のはなしはここらあたりで筆をおいて、戦前と戦後の連続性について、戦後ドイツ社会でのナチ政権の取り扱いについてみておく。

第二章　社会比較論

「ドイツの場合、（英国からの）技術の流用の早さ、徹底さ、広さ、また、流用の時点の文化的装置の古臭さにおいて、西欧諸国の中で例を見ない（このことは、少なくとも日本の場合にもひとしく当てはまるし、また、日本の場合はドイツの場合と驚くほど類似しているのである）。」

（ソースティン・ヴェブレン

『帝政ドイツと産業革命』（一九一五年））

多民族国家ドイツ

他国を知るのに、私たちは歴史学者や社会学者の浩瀚な専門書をまず読まない。その国の代表作家の作品なども、文学好きでなければ読むことも多くない。旅行では、旅行手引書の簡単な紹介文からイメージを膨らませる。これに飽き足らない人は、その国に長く生活した日本人の「住んでみてわかったこと」などのエピソード本から具体的イメージを作り上げる。ドイツについてもそうであろう。日本でも、その種のドイツ本が刊行されてきた。

ドイツの場合、「働き方」、「環境意識」、「社会福祉国家」や「多民族国家」の現状が紹介される。このうち、「多民族国家」は、ドイツ国家のイメージの修正を促す。オランダのアムステルダムやオーストリアのウィーンと同様に、ベルリンでも多種多様な民族的ルーツを持った市民がいる。ハンブルク駅で弁当を買うときに、私にもドイツ語が通じなかった経験がある。英語に言い換えても通じなかった。結局、指差しが早道であった。

これは二〇年近く前の話である。いまでは驚くことではない。一つの民族・一つの国家からすれば、いまでは、ドイツは単一民族の国ではない。ドイツ統計では、ドイツ人口の四分の一はすでに「移民の背景をもつ」。ハンブルクの弁当屋の売り子は多分トルコ系の女性であったろう。トルコ系がベルリンなど大都市には多かったが、いまは中東やアフリカ出身者の数が増加した。

トルコ人の場合は、西ドイツ経済の復興から成長期の下、労働者不足が顕在化して、外国人労働者（ガストアルバイター）の受け入れが始まった。トルコ人のほかにも、周辺諸国からも「出稼ぎ」があった。東ドイツでも北ベトナムからの出稼ぎを受け入れていた。

個人史的には、北ベトナムから東ドイツへの出稼ぎについては、国際協力事業団のベトナム研修生が大学を訪れたときに、英語よりも「ドイツ語のほうがわかりやすい」といわれて気づいた。他の同じ社会主義圏からも出稼ぎを受け入れたとも聞いた。その後、東西ドイツ統一で、多くの外国人労働者が解雇された。ベルリンはイスタンブールやアンカラについで、トルコ第三の都市と揶揄された。

人口八千万人のなかで、一千万人を超える外国出身者がいる。日本人も観光地ではなく、主要都市にすこし長く滞在すれば実感できる。第二次大戦の欧州諸国等への贖罪的反省から、ドイツ基本法にも政治的迫害を受けた難民の受け入れが明記された。実際に、難民が増加するのは一九九〇年代に入ってからであった。ユーゴスラビアやトルコでの民族紛争が背景にあった。とはいえ、受け入れ反対の底流もあり、ネオナチ運動が高揚したのもこの時期であった。

難民認定申請は、「シェンゲン協定」で厳格化された。それまで認定が緩く、経済難民が多かった。認定が厳格化し、基本法も改正された。その後、シリア難民、アフガニスタンやイラクでの紛争の下、バルカン半島経由の難民が増加した。メルケル首相は、難民受け入れ方針を堅持した。難民は増加し、他の欧州諸国も難民受け入れを表明した。

ドイツの難民受け入れ方針には、第二次大戦下のユダヤ人迫害への考慮が色濃く表れる。旧ソ連崩壊によるユダヤ系住民の受け入れも目立った。その後はドイツ国籍を申請するイスラエル人も増えた。この場合、現在の国籍を離脱せずにドイツ国籍の取得が可能であった。ナチス政権下でドイツ国籍を剥奪された本人と子孫に、ドイツ国籍の回復が基本法で認められた。イスラエルだけではなく、英国に追われたユダヤ系にも同様であった。

ドイツでは、外国人の増加は、少子高齢化の下、労働者不足への対処となった。他方で、テロ事件が起こる度に、反移民・反イスラムのデモが繰り返された。イスラム教住民の増加により、イスラム文化との共存が課題となった。背景に、イスラム系住民の排除を訴える政治運動の高揚があった。反移民政党や団体の勢力拡大の傾向が強まった。「ドイツのための選択肢（ＡｆＤ）」は、この傾向を代表する政党である。

この政党は、ギリシャ債務危機の際に、債務救済へ反対表明して、ドイツ国民の支持を広げた。その後、反移民・反イスラム政策を主張するようになった。州選挙でも一定数の議席を確保し、二〇一七年の連邦議会選挙で初めて国政レベルで議席を獲得した。その後の選挙でも票を伸ばし、有力野党となった。

この動きはドイツだけの傾向ではない。欧州連合加盟国の間でも広まった。ドイツは「過去の反省」からユダヤ系はもとより、イスラム系難民へも寛容な政策をとった。結果、他の加盟国との齟齬も強まった。英国の離脱問題はこの底流を象徴した。経済的利害や移民問題に関する加盟国の温度差がある。加盟国も六か国から、三〇か国近くに拡大した。利害が一層複雑になった。政策決定までの時間と労力も大きくなった。

欧州連合への加盟は、ドイツの欧州復帰への大きな足掛かりであった。領土膨張主義への誘惑は欧州連合の中に閉じ込められた。結果的には、欧州諸国がドイツの安定した消費圏となった。その利益の再配分は、ドイツの欧州連合への分担金であった。

ポーランドなどは、分担金以上に多くの補助金を得た。補助金による所得再配分は、域内の不均等経済発展の是正につながった。これは、ドイツ製品にとり安定的な市場の確保ともなった。他方、ギリシャなど財政赤字国に対して、貯蓄好きのドイツ国民の感情は複雑だ。とはいえ、ドイツやフランスの欧州連合脱退は、いまのところは考えられない。この「いまのところ」を支える条件が今後どのように変わるのか。注視しておこう。

福祉国家のドイツ

現代ドイツは多民族国家である。この点は、ドイツ理想国論の私たちは、認識しておくべきである。福祉国家ドイツは、ドイツ移民に対してどのような政策対応をしているのか。この点も注視しておくべきである。

ドイツは、現在もプロイセン国家とは異なった意味での社会福祉国家である。福祉国家の点では、ドイツは一八八三年に世界に先駆け、社会保険—医療保険—制度の導入に踏み切った。翌年には、労災保険、五年後には年金保険が順次導入された。ただし、失業保険は英国が一九一一年に先行した。一五年後にドイツも導入した。公的介護保険は、ドイツは世界に先駆けて一九九五年に導入した。

日本は、ドイツを範として健康保険制度を導入した。年金制度については、ドイツも少子高齢化がますます強まり、支給開始年齢を六七歳までに引き上げることになった。両国の相違は、専業主婦が対象となっていないことである。退職金制度のないドイツでは、公的年金、個人向け確定拠出年金（リースター年金）、企業年金の三本柱である。日本と同様に少子高齢化の下、老後生活をどう維持するかが課題である。少子傾向の下、何歳まで働き続けるのか。あるいは、高齢化といった場合、何歳から高齢者というのか。年齢への考え方を改める必要がある。

青年といっても、現在では、どのような年齢層を指すのか。ドイツ文化では青年のもつ「若さ」が健康美を象徴化するものとして賞賛された。二〇世紀初頭には、ドイツでは、文化・民族を刷新する主体として青年像がすでに語られていた。

ワイマール末期には、伝染病の主たる被害者であった乳幼児の死亡率は、医学の発達や都市衛生の改善によって大幅に低下した。結果、青年となる人口比率は高まった。老人層も医学の発達などで伸びた。半面、生活習慣病である循環器系の病気が老人にとり新たな問題となった。

こうして、老年人口の増加によって年金支出や医療費の拡大が問題視された。高齢化への危機意識も高まった。少子化から派生する青年層＝労働力の人口減は、社会保障制度も国家財政をも圧迫する。移民政策とは別に、解決策は少子化から生産年齢人口層を拡大させる多子化である。学者たちのなかで、高齢者優遇ではなく、ドイツ民族の活性化のため青年層重視の考え方が登場した。

疫病対策の発達や、戦争や災害の有無によって、年齢層の比重は変動する。年齢層間の関係は、経済的、政治的、そして社会的な文脈によって異なる。とりわけ、変化の激しい世界にあって、高齢者＝古い人間は、新しい人間を抑圧し排除する存在とされる。ワイマール期、公的年金だけで生活できた高齢者は一部であった。他方、国家財政を支える青年層の失業問題は深刻化した。高齢者でも、就業機会の確保が重視された。青年層の失業と高齢者の就業は、年齢層間の軋轢を高めた。少子高齢化の問題は、古くて新しい問題である。ドイツでは、ワイマール末期に、この問題は深刻化した。

現在に戻っておこう。介護保険は、ドイツも日本も同様の課題を抱える。制度的な相違は、ドイツは日本のように市町村単位の運営ではなく、全国組織の疾病金庫が労使折半で保険料を徴収する。介護人材の不足に悩むのはドイツも同じ。背景に、長時間・低賃金労働の実態がある。医療制度でも、医師数の確保が課題である。長時間労働の開業医の不足が問題視される。欧州連合加盟国で給与水準の低い国からのドイツへの医師移籍もあるようだが、周辺諸国の反発も招きやすい。

福祉国家といった場合、安心社会の基礎としての公助がある。ただし、すべて公助でカバーできるはずはない。少子高齢化の下での財政は厳しくなる。必然、ドイツでも自助や公助をどのように、政府が後押しし、支援できるかを、日本と同様に模索する。労働条件も以前のような正規かつ長期の雇用形態も崩れ、非正規かつ有期の雇用も広がった。非正規職としての「ミニジョブ」の分野も拡大した。この表現は、ドイツでは月額を基準とされる。低所得者の場合、一定月額以下の仕事では、所得税と社会保険料が免除される。ただし、公的年金の掛け金は自己負担である。

非正規かつ短期雇用の仕事の増加を、フリーランス社会の到来や副業（パラレルワーク）の時代、あるいは、ギグワークの時代などで語れば、何か新しいイノベーティブな時代の到来と楽観的にとらえたくなる。だが、そのような待遇にある人たちは、自分たちが時代の先端をいく職種と思うのかどうか。問題は仕事の対価が全体の賃金よりもはるかに低いことだ。雇用期間も安定的でもない。低賃金職の拡大が少子高齢化社会の社会保障制度等を支えられるのかどうか。日本も同様に課題を抱える。

ドイツでは、「ミニジョブ」は女性あるいは移民労働者層に集中する。日本でも、取り上げられる消費期限切れ食品の無料配布サービスは、首都ベルリンで一九九三年に始まった。この運動はその他の都市にも広がった。背景には、ワーキングプア層の拡大があった。ドイツ理想論をどこかに持っている私たちにとって、ドイツもまた同種の問題と課題をもって、解決策を模索しているとみてよい。そこから両国の社会構造の違いをこえて何を学ぶのかは、私たちの問題なのだ。

河上肇のドイツ論

ところで、明治以来、ドイツに学んだ学者はきわめて多い。経済学者の河上肇（一八七九～一九四六）もその一人であった。河上は大正二［一九一三］年一〇月二五日、神戸港から欧州留学へ国費留学生として旅立った。スエズ運河を経て、一か月半後、フランスのマルセーユ着。ベルリンへは四月下旬に到着。出迎えたのは、同郷で京都帝国大学経済学部の同僚の河田嗣郎（一八八三～一九四二）――大阪市立大学初代学長――であった。その後、河上は、英国ロンドンでも留学生活を送った。三二歳から三四歳までの約二年間の欧州生活であった。

河上は、ベルリン滞在中に『朝日新聞』へ「伯林（ベルリン）だより」を寄稿した。河上のベルリン滞在中に第一次大戦が始まり、ドイツの開戦を経験する。河上は、「独逸全国が非常経済の大実験室に充てられているのである。それで私は戦時を通じて断然伯林に残る決心を立てた。……食えてさえ行けば生命も続こうと度胸」を決めた。その後、ベルリンを慌ただしく去り、オランダのハーグをへて英国ロンドンへと移った。

河上は、ベルリンとロンドンの滞在経験から両国の特徴を書き記した。『西欧紀行・祖国を顧みて』である。河上は、「最初から独逸へ行ってそのまま彼地に長く住み慣れた人には、往々にして恐ろしい独逸心酔者」が多くなると指摘したが、彼自身は英国贔屓となった。ドイツとは、河上にはどのように映ったのだろうか。河上は、英国との文明比較で、ドイツ社会の構図をつぎのように印象を記した。

「（ドイツは万事計画的――引用者注）倫敦の市街には計画的とか秩序正しいとかいう趣が少しもありません。……独逸の文明が演繹的、理論的、官治的だとすれば、英国の文明は帰納的、歴史的、自治的です。不規則な建物が煙に燻っているように、複雑極まる習慣や規則や制度が歴史の苔に覆われています。何も彼も一目瞭然という訳には決して参りません。だから独逸通には直ぐなれるが、英国通になるのはよほど困難です。……込み入っている所が英国の文明の特徴です。英国の文明は自然に発達した文明であり、独逸の文明は人為に整頓された文明です。この区別は英国法と独逸法とを比べて見ると最も良く解ります……独逸では頻に文化という言葉を聞かされました。然るに英国に来てからは、しばしば自由という言葉を聞きます。伯林……到る所に禁札が立っている……伯林から倫敦へ来て見ると、禁札がないだけでもたしかに別の国に来たという感じが起こります。……伯林の芝地は倫敦に比べると遙かに綺麗です。しかし倫敦は市民の散歩するために設けられた芝地ですが、伯林は市民のここに立入るを禁止するために育てている芝地です。」

河上は日常的観察のあとに、ドイツ戦時下の非日常の経験から、「整頓、秩序、これが独逸のいわゆる文化の特色である。だから独逸には強い陸軍がある。動員も進軍も極めて迅速である。……今度の戦争の結果は、勝敗何れにしても、少なからず教訓を英国民に与えることであろう（大正三年十月七日倫敦にて執筆）」と記した。

ドイツは敗れ、ヴェルサイユ条約で多額の賠償金を背負った。英国民は第二次大戦でドイツと再び対峙する。河上個人としては、ユダヤ系ドイツ人のカール・マルクスの政治経済学に惹かれたが、「自由」を貴ぶ英国好き――「日本を除いては、私の最も好きな国」――となり日本へと戻った。

新興国の米国あたりでも、学問先進国とされたドイツに学んだ学者も多い。社会学者のタルコット・パーソンズ（一九〇二〜七九）もその一人であった。英文学教授の父のドイツ在学研究で、九歳から一年間、パーソンズはドイツで暮らし、後にハイデルベルク大学のアルフレート・ウェーバー（一八六八

〜一九五八）――マックス・ウェーバー（一八六四〜一九二〇）の弟――で学んだ。当時、ドイツは第一次大戦の敗戦後、国際連盟加盟で国際社会へ復帰したが、世界恐慌の波を受けていた。パーソンズは、すでにナチスを生み出したドイツ社会の構造分析に関心をもっていただろう（＊）。ちなみに、彼は第二次大戦後には、米国のドイツ占領案にも関わり、ドイツの社会構造への理解を深めた。

＊伝統的階級の出身でないアドルフ・ヒトラー（一八八九〜一九四五）率いるナチ党が、なぜ、ドイツ社会で大きな勢力となったのか。パーソンズは、この問いに対して、自身のウェーバー研究から自答できていたのだろうか。欧州諸国では、民主的政治革命を成し遂げたフランスは、旧態依然たる伝統社会の秩序を保ちながら、いち早く産業革命を成し遂げたドイツとは好対照であった。

第三章　経済比較論

「大規模な資本蓄積は、市場メカニズムをとおしては不可能だから、成功を望む生産者は誰しも、市場の彼方を見なければならない。つまり、彼らは二つの制度に目を向けることになる。すなわち、制度としてきわめて確固とした存在である国家と、はなはだ曖昧模糊としてはいるが、ひとつ制度としてリアルな存在である「慣習」とである。」

（イマニュエル・ウォーラーステイン（川北稔訳）『新版・史的システムとしての資本主義』岩波書店）

ドイツ経済の歩み

資本主義史では、スペインのような貿易国家の動きからとらえることが妥当だろう。欧州諸国はドイツも含め植民地の獲得による南北アメリカ大陸、アフリカ大陸、そしてアジア大陸への進出競争から、資本主義は始まった。資本とは利潤＝貨幣の増殖運動である。典型は商業資本の運動にある。仕入れ値と売値の差異が利潤である。仕入れ値が略奪であれば、利潤は莫大である。資本主義は荒っぽい。当時の欧州は自国以外を「未開拓」の野蛮な地とみた。宗教＝文明を拡げるミッション意識――啓蒙主義――の下、欧州の対外的経済領域は広がった。

欧州諸国の諸侯の内外の権力拡張は、欧州諸国の歴史を血生臭くした。欧州は本格的な産業革命の時期――一九世紀――を迎える。産業革命は急速であった。それまでの社会構造との軋轢は大きく、産業革命の行く末に関して、将来の具体像を描けなかった啓蒙主義思想家の想像力は枯渇した。

欧州は産業革命下の新たな神学を求めた。マルクス主義登場の背景である。ジャーナリスト出身の思想家の関曠野は、『なぜヨーロッパで資本主義が生まれたか――西洋と日本の歴史を問いなおす――』で、つぎのように指摘する。

「ヘーゲル左派だったマルクスには、ヘーゲル哲学は歴史に秘められた神の救済計画というユダヤ思想と結合できるように思われた。その背景には産業革命による世界の急速な変貌がありました。マルクスにおいては生産力の発展や階級闘争の論理は、歴史を司る神意の役割を果たしていました。マルクス主義は、いわば産業革命の神学なのです。マルクスはヘブライの迫害された神の選民を工業プロレタリアートに置き換えました。そして工業化する社会の苦痛にみちた変動を、人類が共産社会という約束の地に至るいばらの道として説明しました。」

神聖ローマ帝国の下、小さな領邦国家に分かれ、小競り合いを続けたドイツへ、産業革命はどのような影響を及ぼしたか。手工業は英国の工業製品に押された。国内政治的にも、中央集権国家フランスと比べ、ドイツは脆弱だった。フランスは徴兵制の国民軍を率いた。一七九七年にオーストリアを屈服させた。その後、プロイセン王国やロシアを破った。ドイツ人は目を覚まし、ドイツ「国民」としての意識を高めた。

敗北でプロイセンは軍事力と経済力を高め、ドイツ帝国を成立させた。英国の民間主導型と比べて、後発国ドイツは国家主導開発型である。英国に比べ、概して欧州大陸諸国は遅れをとった。だが、戦争後は、貿易や投資を通して欧州内の相互依存関係が深まった。その後の国際金本位制の確立は、欧州の貿易・金融関係を密接にした。

ドイツ人は、英国に遅れたとはいえ、機械化は得意であった。ハイ・スピードで資本財や中間財の生産で工業化を進めた、同時平行的に、手工業もまた中間財の加工面で大きな発展を示した。これはドイツ理想国とする日本側の見方である。両国は、第二次世界大戦の敗戦国ながら短期間に戦後復興も成し遂げた。必然、共通点が多いとみられてきた。

第一次大戦後の歴史を振り返る。ドイツは、ヴェルサイユ条約による過重な賠償と植民地の喪失で生産は低迷した。政治的に、小党乱立の不安定な政局が続いた。一九二三年からのハイパー・インフレーションは、ドイツ社会を大混乱に陥れた。ドイツはレンテンマルクの導入でインフレが抑えられた。国内の資金不足へは、米国からドル短資が導入された。技術革新による産業合理化と安定した労使関係の下、経済の立て直しに成功する。手工業生産の分野へも、大企業が積極的に進出した。

ドイツ中小工業史

ドイツ中小工業史では、この時期、手工業とは別に、生産過程の機械化を図った中小工場が発展していく。しかしながら、ドイツ経済は一九二九年の世界恐慌の影響を大きく受けた。農業恐慌も起こり、鉱工業生産は大きく落ち込んだ。企業経営は行き詰まった。失業者数は急増した。ドイツはインフレ経済からデフレ経済へと移った。手工業者は経営の維持に苦しんだ。

性急な経済回復の政治が求められた。大土地所有者＝ユンカー、零細な土地所有の農民層、都市中産階級、労働者層との間の経済利害が先鋭化した。労働運動の弱体化、小規模事業者などの苦境が続いた。こうした状況へ、既存政党が統一的政策を打ち出せなかった。結果、世界に冠たる「強いドイツ」＝排外主義・国粋的民族主義・伝統主義を打ち出した国民（民族）社会主義ドイツ労働者党（ナチ党）が政権を獲得した。

ドイツ経済は、再軍備＝統制経済体制の下、一九三〇年代半ばに底を打った。この間、少数大企業を中心に重工業化がおし進められた。ドイツ経済は好調を持続させた。多くの大企業は、この時期に生まれ成長し、中小企業や手工業も衰退しなかった。中小企業——手工業を含む——は大企業との分業関係を構築した。この間、戦時体制＝軍需経済へのシフトで重工業化が高まった。

重工業化は、ナチス政権下（＊）の動員計画――四か年計画（戦争準備体制）――によってさらに促された。大量生産体制の確立を目指す企業の合同合併、製品等の規格統一化、カルテルの結成も重視された。ただし、米国とは異なり、ドイツの国内の大衆消費市場は未発達であった。合理化運動は統制経済体制の下での軍需生産の分野となった。

ドイツ産業合理化運動は、日本でも「統制経済論」として詳細に研究された。戦前日本の研究者や行政官――軍人を含む――による産業合理化論などの著作や報告書は多い。生活必需品をどの程度まで抑制して、資源を軍需生産に振り向けるのか。重要軍需物資の原材料などを海外諸国に依存する日本は、ドイツの動向に関心を払った。

＊アドルフ・ヒトラーの首相就任は、一九三三年一月三〇日である。同年三月には、ドイツ国家は「全権委任法」を可決した。同年三月には労働組合の禁止、七月には、ナチス政権は新政党結成を禁止した。翌年一月には、のちに破られ、第二次大戦へとつながるドイツ・ポーランド不可侵条約が調印された。八月、ヒンデンブルク大統領が没し、ヒトラーが首相と大統領を兼ねた総統となった。

当時、各国とも未曽有の大不況からの脱出を図ろうとした。合理化運動や生産性向上運動が掲げられた。米国でも、フレデリック・テイラー（一八五六〜一九一五）の科学的管理法やフォードシステムなどで個別企業の生産性向上が重視された（＊）。

＊詳しくはつぎの拙著を参照。寺岡寛『アレンタウン物語――地域と産業の興亡史――』税務経理協会（二〇一〇年）。

ドイツでは産業全体の改善がまず先行された、日本でも、ドイツへの関心が高まった。ナチス政権のように、資本主義的企業を「上から統制」できるのかどうか。ドイツ経済史研究者の柳澤治は、『戦前・戦時日本の経済思想とナチズム』で、この点にふれつぎのように指摘する。

「ナチスの経済思想において最も大きな問題となるのがその『反資本主義的』な要素である。それは自由主義的な資本主義の営利第一主義に対する批判を意味し、ナチス運動の展開の中で重要な役割を果たした。……ナチスは労働・勤労、創造的・生産的な経済活動、個人的イニシアティヴと責任を強調する。そしてこの観点から、株式の所有に対比して、企業活動・経営の役割が積極的に評価された。それを担う経営者・企業家に対しては指導的な役割が賦与され、労働者は従者として協力することが求められた。ナチス思想を特徴づけるいわゆる指導者原理（Fühlerprinzip）は、この場合そのような企業活動における経営重視の観念と密接に関連していた。……だが政権掌握後は、ナチスは株式会社に対する否定的な立場を修正し、株式会社の存立を前提にして株式会社法の改正に着手した。その際、指導者原理と責任ある経営（verantwortlichend Führung）の理念とが基本的な原理として設定された。」

日本の革新官僚間では、株式会社の配当規制に関心が寄せられた。背景に、配当抑制の「資本・経営分離論」があった。ナチス政権は、一九三七年に株主総会の権限を縮小させた「株式会社法」を改正して、経営者の権限を強化させた。日本でも、昭和一三〔一九三八〕年に「株式会社法」が改正された。これはナチス政権とは逆の改正となった。財閥系企業を意識して、株主総会の権限拡大と経営者の権限を縮小させた。昭和一五〔一九四〇〕年には、「会社経理統制令」が公布された。

統制強化の背景に、満州問題があった。満州国の建国宣言は、昭和七〔一九三二〕年三月であった。陸軍の満州国派遣決定以降、戦争経済遂行への意識が一層強まった。陸軍省は、年末に「兵備改善要綱」を発表した。同年九月には、内務省が国民自力更生運動を開始した。農林省も疲弊した農村の更生策を模索した。

陸軍は中国での軍事行動を継続し、昭和八〔一九三三〕年三月、国民政府軍と衝突し、国際連盟脱退の方向へと舵を切った。満州の関東軍は、現地での停戦協定へ踏み切った。だが、大きな歯止めとはならなかった。

この状況の下、ドイツの軍事拡大を支える動員体制――「公益は私益に優先する」公民思想にくわえ、「民族協同体」、「指導者原理」のナチス思想も含め――への関心が高まった。経済学者のみならず、法学者や行政官、経営者は、ソ連型の社会主義経済体制、英米型の自由主義的資本主義体制に着目しつつも、最終的に、ドイツ型に着目した。そして、日本はその渦の中へと引き寄せられた。「反社会主義・親資本主義」のドイツ型に対して、日本型は何を目指すのか。日本の閣内事情では、ナチスの政治体制をにらみながらも、ヒトラー中心の指導原理を受容できるはずもなかった。「国体」と「(ドイツ) 民族性」、「反マルクス主義・反自由主義のドイツ的全体主義」と、同じ「反マルクス主義・反自由主義」をとりつつも、天皇制＝国体主義をとる日本の全体主義は、ドイツとは同一歩調をとれなかった。必然、ドイツの統制経済制度とそのやり方だけに関心が集中した（＊）。

＊当時の日本の経済学とドイツ経済学との関係については、つぎの拙著を参照。寺岡寛『通史・日本経済学――経済民俗学の試み――』信山社（二〇〇五年）。

昭和一三［一九三八］年、「国家総動員法」の下、戦争経済への総動員体制がとられた。この簡素な法律には、抽象的かつ一般的な条項が並ぶ。主目的は、軍需経済運営のための人的・物的資源の動員・統制にあった。その具体的制度はあいまいであった。状況に応じて、国会の議決を必要としない勅令が多用された。

ドイツの国家総動員は、昭和一四［一九三九］年以降である。国民の徴用、企業等の従業雇用制限、賃金の統制、会社の配当等の制限などの統制が行われた。同時期、日本では『新独逸国家体系』が一二巻にわたって刊行された。内容は、ドイツ文献等の翻訳中心であった。当時の著名な学者も参加した。企画院等の「革新官僚」の関心も反映された。しかし、企業経営者たちは、企業の経済活動に国家介入を進める経済体制へ強い警戒感を抱いた。

日米独の戦時経済体制の粗い比較を試みると、米国の場合（＊）、大企業中心の産官の生産体制がとられた。日独はともに中小企業を大企業との協力関係の下に置き、生産力の拡大が図られた。ドイツでは、中小企業といっても、規模的下層には広範な手工業の存在があった。大企業と手工業との協力関係の構築には、まずは、手工業経営の実態の把握が不可欠であった。四か年計画でも、手工業の合理化＝生産性向上が重視された。ドンブリ勘定の零細層には単式簿記、一定規模層以上には複式簿記が義務付けられた。

＊米国の詳細については、つぎの拙著を参照。寺岡寛『アメリカの中小企業政策』信山社（一九九一年）。

日本でも（＊）、太平洋戦争へと突き進むなか、地方工業、就中、地方の中小工場の動員が不可避となった。軍工廠や大企業の軍事工場を中心にして、中小工業への技術指導が行われた。原材料輸入が困難となり、資材物資の高騰の下、原価低減が迫られた。原価低減のため、中小工場への簿記指導も行われた。

＊詳細はつぎの拙著を参照。寺岡寛『日本の中小企業政策』有斐閣（一九九七年）、同『中小企業政策の日本的構図――日本の戦前・戦中・戦後――』有斐閣（二〇〇〇年）。

軍需生産拡大の下、統一的な簿記制度は原価計算上で不可欠であった。日本の商工省や軍需省は、統一的な業種別原価算定基準の作成を納入業者に求めた。ドイツでは、経済官庁の対応だけでは限界があった。手工業者の組合やその全国組織の幹部との協力の下、業種別の単式や複式の簿記基準が作成された。簿記研修会の開催やテキスト作成も行われた。ドイツ経済史研究者の柳澤治は、『ナチス・ドイツと中間層――全体主義の社会的基盤――』は、当時の手工業会議所記録からシュッツトガルト地域などの状況をつぎのように紹介する。

「四か年計画の合理化政策の重要分野は、企業経営における商品の適正な原価計算とそのための簿記制度の採用であった。ライヒ身分によって一九三七年に義務化された単式簿記、さらに中・大経営における複式簿記の個々の経営での使用を促進するために、会議所は大々的な研修活動を展開した。該当する経営者は研修会への参加を義務づけられた。シュッツトガルトの会議所では専門・業種別の簿記研修講習会の数は、一九三八／三九年において六五四回、複合職種のそれは三六回、合計六九〇回に及び、参加者の数は二万六五〇〇人に達した。正当な理由なく欠席した者には罰則が課せられたため、手工業者は会議への出席を余儀なくされたが、参加者はどれほどの熱意をもって研修を受けたかは別の問題であった。」

ドイツが占領した周辺諸国からの資源や物資の調達は、戦況とともに困難となった。ドイツ国内も連合軍の空襲により軍需生産は行き詰まった。手工業動員政策――手工業経営の閉鎖措置も含め――もまた当初の計画通りには行かなかった。

繰り返しになるが、資本財や中間財部門の大企業体制の確立が、加工部門などの中小企業を淘汰するわけではない。事実、ドイツでも、中小工業や手工業は広範な分野で存立した。日本でもドイツの現状を参考にしつつ、経済の国家統制の進め方が検討された。たとえば、戦前、この問題に積極的に取り組んだ小島精一は、昭和九［一九三四］年の『産業統制政策』（東洋出版社）で、日本での重要産業統制を論じた。

同書の第三篇が「ドイツに於けるカルテル法の史的発展」の紹介に充てられた。小島は日本とドイツの類似点を同じ資本主義後発国であり、「自然に国家的保護の色彩が濃厚であった。英仏の自由主義的経済政策と対立して、ドイツは初めから保護関税による国内産業の哺育をかなりに手厚く施してきた。この点は我が国の経済事情に甚だ近似した」と前置きしたうえで、日本の現状との対比で、ドイツの特徴をつぎのようにとらえていた。

（一）「カルテル組織」の相対的支配力の大きさ。

（二）巨大な地主層の存在と「独占的大産業資本団」――鉄鋼、機械、造船、構造、電気化学工業等――の結合による経済支配力の拡大。

小島は、ドイツの統制カルテルを積極的に評価し、ドイツの「社会化法」を「カルテル・トラスト等の独占的組織に対する国家的取締方針の新礎石」と位置づけた。「社会化」とは、馴染みのない概念である。当時の状況を念頭におき、代表的な論文を散見してわかることは、第一次大戦以前には、「国有化」「公営化」「共同」「提携」（Vorgesellschaftung）が使われた。戦後は Sozialisierung が使われるようになった。

「社会化」の文脈には、社会主義を掲げたソビエト連邦の成立があった。「社会化」には、「社会主義化」という語感が多分に含まれた。ソ連の成立は、周辺諸国へ緊張をもたらした。ドイツ国内でも、一九一九年一月のパリ講和会議、六月のヴェルサイユ条約調印まで社会変革を求めるうねりがあった。このわずか一年半余りの間、ドイツでは戦後体制下の混乱と混迷が続いた。社会秩序回復には、経済回復がカギを握った。それは従来の資本主義体制への復帰。あるいは、社会主義経済体制への移行なのか。欧州史研究者の阪上孝は、「ドイツ革命と社会化論争」（『経済論叢』第九八巻第一号、昭和四一年七月）で当時の状況を次のように分析する。

「とくにドイツ革命は、社会主義的要求の結果として発生したのではなく、むしろ社会主義の要求が革命の結果として生まれたのであるから、こうした政治権力の在り方と社会変革との関連の問題が重要視されねばならなかったはずである。」

結論を急げば、社会主義国ドイツではなく、ナチス・ドイツが成立した。さて、第二次大戦後のドイツ経済に関しては、西ドイツ（ドイツ連邦共和国）経済中心の研究が多い。東ドイツ（ドイツ民主共和国）経済の歩みはベールに包まれたままであった。東西ドイツ統一後に、ようやく研究が進展する。今後、ソ連型の中央集権型計画経済という一面的理解も是正されていくだろう。いままで、西ドイツ経済の優位性のみで、東ドイツ経済の停滞性ばかりが強調されてきた。

ドイツの戦後体制

一九四五年五月八日深夜、ベルリン郊外カールホルストのソ連軍司令部で連合国の示した無条件降伏文書に、ドイツは調印した。戦後ドイツは、米・ソ・英・仏の軍隊の直接的占領下におかれた。その時、ドイツの戦後処理は未決定であった。二か月後、連合国首脳がポツダム郊外に集まり、ドイツの本格的戦後処理が話し合われた。「ポツダム協定」である。語呂合わせでドイツ語のDで四つの標語が充てられた。「非ナチ化（Denazifizierung）」「非軍事化（Demilitarisierung）」「民主化（Demokratisierung）」「非中央集権化（Dezentralisierung）」。

当初、東西分離構想はなく、その後、米・英・仏とソ連の対立の下で決定的となった。対独戦で疲弊したソ連は、多額の賠償を必要とした。フランスは、ドイツ経済の復活を抑制したかった。戦後ドイツの政治形態をどうするのか。それによって戦後経済の行方も定まる。その決定をドイツ国民の自由選挙に委ねてよいのかどうか。自由選挙が四つのDをもたらすのか、あるいは、一党独裁政治の上からの改革が効率的であるのかどうか。

農地改革では大土地所有制は解体され、小農が多く生まれた。大企業の解体も、ソ連への戦時賠償もあり、進展する。だが、その後、米ソの対立が顕在化した。ドイツの戦後復興政策も再考された。ドイツを含む欧州諸国への経済復興援助＝米国マーシャル・プランもこの文脈の下にあった。同時代史的に、戦後の日本のアジアへの賠償問題と中華人民共和国の成立による政治外交情勢の変化にも共通した。

一九四七年六月にも、戦後ドイツの行方を決める会議が開催された。バイエルン州首相は、ドイツ全一六州の代表者を招集した。日本と大きく異なり、州政府の権限は大きい。この会議で、ドイツ分割への反対意見は根強かったが、ドイツは東西に分断され、経済体制については、計画経済と市場経済（社会市場経済）の実験場として、東西の両ドイツが誕生した。半世紀後、東西ドイツはようやく統一された。

統一後のドイツ経済は、当初、「統一特需」に支えられた。だが、一九九三年には景気後退に陥った。いずれにせよ、この時期は東西統一後の財政負担が大きかった。厳しい経済状況下で、ドイツ経済の体質改善が進んだ。企業間の競争も厳しかった。自動車産業でも、部品企業の整理淘汰が進んだ。企業買収で世界最大の自動車部品メーカーとなったボッシュ（Bosch）のような企業もあった。中小企業も製品開発力を高め、経営基盤を改善させた。

ドイツ経済の規制緩和は、欧州連合の発足とともに進展した。マイスター資格の営業許可を必要とした手工業も、二〇〇四年から対象業種の規制緩和が行われた。マイスター資格を必要としない職種も設けられた。結果、マイスター資格が必須と任意の職種の二分類となった。規制緩和の分野で事業所数が増加したものの、従来型の手工業分野の衰退が進展した。

社会市場経済体制

ドイツ人は、社会市場経済体制を誇りに思ってきた。だが、ドイツも米国型の「新自由主義」の波にのみ込まれた感がある。いまでは、多様な出自をもつ国民の国家となった。旧東ドイツの人びとは、西ドイツ並みの生活水準を期待したが、ドイツ全体では貧富の格差が拡大した。公正で平等な社会とは何かが問われることになった。

社会の所得分配の状況を知る経済指標に「ジニ係数」がある。ドイツの場合、東西ドイツ統一のころから、ジニ係数で見る限り貧富の格差は拡大傾向にある。それは日本やフランスや英国など他の欧州諸国と比べても拡大した。背景に、正規と非正規のフロー所得の格差もあるが、それ以上に資産格差が拡大した。

大学生のころ、西ドイツの経済体制は「社会市場経済」であると習った。それは好意的な見方に連動した。そこにも「ドイツ理想論」の日本があった。社会主義ではない。だが、資本主義でもない。それは社会主義＝官僚独裁主義の硬直的な経済運営ではない。市場経済の効率的かつ柔軟な経済運営である。「市場の失敗」や「社会的」な不公正は政府の介入によって回避する。これが当時の大方の見方であった。

ドイツの経済体制は、米国型資本主義に対しライン型資本主義とも呼ばれた。貧富の格差の拡大へは、所得再分配制度の活用で中間所得層の存続をはかる制度とされた。にもかかわらず、ドイツの所得格差は欧州諸国でも顕著となった。それは、その後の政権が社会市場経済運営——所得再分配政策——に熱心でなくなったことを示唆する。

西ドイツの歴代首相では、コールの後継者のゲアハルト・シュレーダー（＊）あたりから政策転換があった。シュレーダー政権の主要経済課題は東西ドイツ統一後の経済安定にあった。問題はどのような経済政策で行うかであった。サミット参加国の共通課題とドイツ独自の課題があった。前者はグローバル化した世界経済のなかで、自国経済をどのように発展させるか。後者は東西ドイツ統一後のコスト負担であった。戦後最大となった失業者数の削減、ドイツ統一後の財政拡大への歯止め——公営部門の民営化、市場経済体制の推進などを含め——が大きな課題であった。ともに弁護士であり、左派政党の労働党出身のブレア首相も同様の問題を共有した。双方とも改革派として登場して、親ビジネスの路線を進めた。

＊一九四四年生まれのシュレーダーは、独ソ戦争での父親の戦死で、母と姉と敗戦後の混乱の中で育った苦学の人生を歩んだ。義務教育後に働き、夜間学校で中等学校教育終了資格を得て、大学入学資格もとった。ゲッティンゲン大学で法律を学び、弁護士となっている。社会民主党には勤労学生のころに入党し、ドイツ連邦議会の議員には一九八〇年に初当選、一〇年後に、ニーダーザクセン州の首相となる。連邦政府首相となるまで、フォルクスワーゲンの監査役を務めた。

シュレーダー二期目は、「アジェンダ二〇一〇」——既存制度の改革案——を打ち出した。骨子は財政問題を意識した社会保障制度や労働市場の「改革」であった。具体的には失業者の労働市場復帰を促す失業給付金の大幅削減、健康保険料の自己負担引き上げ、公的年金の給付金の削減等々であった。親ビジネス政策面では、資産税、営業資本税、所得税率の引き下げ、金融市場の規制緩和等々。背景に、「(資産を)持つ者」と「持たざる者」の格差拡大があった。

ドイツ新自由主義

この時期、ドイツもまた新自由主義の波に翻弄された。グローバル展開の大規模企業への優遇措置も目立った。他方で、国内中小企業の存立問題があった。ドイツでも、企業のほとんどは中小企業である。中心は小規模事業者で、一人親方の自営業者である。統計的には、高所得層の医者や弁護士も含むが、概して、所得が低い生業層も多い。この種の「中間層」は労働者数の七割近くを占め、ドイツ国内消費市場の動向を左右した。

この中間層が米国と同様に縮小しつづけた。必然、国内市場に依拠する中小企業の苦境が続いた。この間、大企業は輸出市場への依拠を一段と高めた。中小企業の苦境は、そこに働く被雇用者層の賃金を低迷させた。シュレーダー政権は、彼自身が監査役を務めたフォルクスワーゲン社の労務担当役員ハルツによる改革——いわゆるハルツ改革(*)——を実行した。結果、非正規職が増加し、実質賃金の引き下げが起った。

＊ハルツ改革では、それまでの失業給付金はそれまで働いていた期間と年齢によって給付期間が決定される「Ⅰ」型と、給付期間中の求職できなかった場合には給付金額が低い「Ⅱ」型――生活保護給付金と同水準――となった。

グローバル化の下では、大企業を中心に生産拠点の外国移転が進んだ。同時に、部品の国際調達も拡大した。結果、国内関連産業の労働賃金が抑制された。問題は、国内産業の縮小である。繊維産業や諸雑貨産業が苦戦した。中小企業にとっては、シュレーダー政権以降、苦しい時代となった。ほかにも、インターネット普及によるネット販売――アマゾン等々――の影響もあった。

グローバル化した大企業は、株主も国内から世界へと広がった。株主資本主義は株価を中心として展開し、国内経済とは切り離された関係性を取り結ぶ。世界経済は投資利益に直結した金融会社の動向に連動する。ドイツの経済ジャーナリストで、中小企業重視派のイエンス・ベルガーは『ドイツは誰のもの？――資産に関する権力者とおとぎ話――』(二〇一三年刊・邦訳『ドイツ帝国の正体――ユーロ圏最悪の格差社会――』)で、つぎのように指摘する。

「企業者や自営業者が経済システムを支え、優遇される時代は終わった。現在では、四人に一人の自営業者が、ドイツ政府の公定最低賃金以下で働いている。(中略)私たちは、こういった構造変化を批判することはできても、止めることはできない。……かつては大型のパン工場が小規模経営のパン屋に圧力をかけていた程度だったが、いまではオンラインショップが、ブティック、電化製品店、靴屋の首を絞めるようになった」(岡本朋子訳)。

ドイツでも、自営業者の存立状況は一九九〇年代以降、大きく変化した。かつては、自営業開業は、義務教育を終えた人たちが商店や工場で働き、独立する方途であった。だが、高学歴者の増加の下で、公的機関や大企業での就業機会が縮小し、「スタート・アップ」や「アントレプレニアシップ」が注目された。この種のプログラムは、高等教育機関や政府の支援プログラムの中にも飛び跳ねるようになった。シュレーダー政権時代の一九九〇年代、よく訪れたフィンランドなど北欧諸国やドイツでも、情報通信技術（ICT）分野での「スタート・アップ」が強調されていた。たしかに、スタート・アップが盛んになった。それは高学歴者のハイテク分野でのベンチャー型創業――スタート・アップ――ばかりではない。一般的に、自営業者の増加が見られた。なぜか。ベルガーは、ハルツ改革後の低額化した失業給付金を受け取らない自営業者について、つぎのように分析してみせる。

「多くの人々はなぜ、それでも自営業者になりたがるのであろうか。……自営業は事業を開始する際に公的補助を受け取ることできるので、それを目当てに単独自営業者になる人が増えているからだ。一九九〇年代初頭から、連邦政府は、可能な限り多くの失業者に、所得が決して多いとはいえない自営業者になってもらうことで失業率を低下させようと考えるようになった。」

しかし、自営業者の増加が、従来の中間所得層を回復させたかは疑問だ。その後、公定最低賃金制度が導入された。ただし、自営業者たちには適用されない。穿った見方をすれば、これは米国の被雇用者に対する雇用者側の医療費負担などの軽減のために、人員削減と同時に独立請負業者（independent contractor）やコンサルタント開業をすすめた動きとも合致する。

同時期、米国では、「起業家経済」や「ギグエコノミー」が強調された。では、会社を辞め、元の会社から仕事を請け負う独立請負業者の所得水準はどれほどのものなのか。従来の会社だけではなく、所得安定のために、他社からも受注していたのでは、経費などの負担増で従来以上の仕事を受注するしかない。顧客開拓の費用は決して小さくない。

実際、就業時の所得が多かったとすれば、その種の創業は不完全就業である。ドイツでも、公定最低賃金に縛られない自営業者の存在は、アウトソーシング側には便利である。必要時に仕事を発注することで、コスト削減が可能である。従業員給与を抑制したい企業にとってメリットがある。だが、税制面での優遇措置の利用機会が限られる自営業者が、不安定な受注状況の下で、成長機会をつかみ取ることは容易ではない。

振り返れば、レーガン・サッチャー時代の一九八〇年代から、社会市場経済の中から「社会」が削げ落ち、市場経済を至上とする政策理念が浮上した。英国と同様に、ドイツでも労働者政党や中道左派の社会民主党も政治的立場を変えた。資産保持者への優遇政策は、ドイツ社会の中間層を没落させてきた。富裕層のタックスヘイブンも問題視され始めた。実物経済から金融投資経済（カジノ経済）への移行は、資産保有の富裕層を一層富ませ、国内経済への関心を喪失させた。かつて、ケインズが問題視した英国経済と同じ構造がドイツにも形成されてきた。

今後、資産格差や雇用形態から生じた社会的不平等が、セーフティーネットや所得再分配制度の強化で是正させるのか。日本とドイツの今後の健全な経済発展のカギを握る。また、両国とも公的サービスの民営化が進展した。だが、それが財政赤字の解消につながり、国民全体を利しているのかどうか。これらの点は検証される必要がある。ドイツも日本も、新たな社会市場経済の再構築に向けて知恵を絞る時代となっている。

ドイツ経済の現状

ドイツの現状をざっとみた。基本的な点を再確認する。ドイツも含め欧州史は、戦争と国境線の変更の歴史である。日本の戦国期と同様に、多くの領主国は自国領土をめぐって戦争の爪痕を残してきた。だが、経済発展は、本来、国境に関係なく経済的利害に沿って起こり、物流システムがカギを握る。大量輸送は陸上交通よりは海上・河川交通が有利であった。ライン河にそって経済発展が起ったのも、バルト海沿岸都市の発展もその結果であった。ライン河に沿った経済圏については、渡辺尚の詳細な研究（＊）がある。

＊渡辺は「原経済圏」という分析概念の下で、河川交通に沿った経済圏形成史を示す。渡辺の提起した「原経済圏」は英国から発した産業革命によって新しい地域経済圏が次々に生まれることになるが、それは従来

の国家領域とは異なる資本制経済空間形成の結果でもあった。この視点は産業革命と国民国家との関係において、国民国家の経済圏→産業革命と逆転させ、むしろ産業革命→国民国家の経済圏からとらえようという試みでもあった。

渡辺は、『エウレギオ——原経済圏と河のヨーロッパ——』で、自身の問題意識を第二次大戦後の西ドイツの「奇跡の復興」の背景と関連させて、つぎように要約してみせる。

「『奇跡の復興』とまで言われた経済復興過程を突きすすんでいるさなか……国土がいくつにも分割され、ベルリーン首都圏からも切り離された旧ドイツ国（ドイチェライヒ）の一小部分が、かくも急速な経済復興を遂げられるというのは、国民経済的立場をとり続けようとすればありえない現象であった。……西ドイツ体制になってようやく本来の国民経済圏を形成しえたと解釈をほどこすほかはない。」

そうだとしても、一九世紀半ば以降のドイツ経済の発展はなぜ可能であったのか。その説明には、原経済圏の分析だけでは不十分な点がある。改めて、地域経済と国民経済の関係を問う必要がある。渡辺自身は、原経済圏——歴史的固有性をもつ本来の経済地域——を「中核——内部構造を具える空間——」、「周域」と「外縁——帯状をなす漸移地帯——」の「三重同心円」としてとらえる。ただし、ドイツは日本のような島国と異なる。エウレギオは国境をこえた陸路上の越境協力である。

ドイツの地形を改めてみると、北部は北海とバルト海、国土は平原地帯から山岳地帯まで多様であり、南北に流れるライン河、エルベ河やオーデル河、東西に流れるドナウ河があり、周辺地域は交通に有利でも、洪水の被害を受けた。農業では、山岳地帯や森林地帯を除けば、農業用地は国土の半分程度である。農地の規模では旧東ドイツに大規模農地があり、旧西ドイツ地域には小規模農地が多い。

貿易面では、ハンザ同盟（＊）以来、人口で二番目に大きなハンブルクがある。この港湾都市は海には面していない。エルベ河の河口から一〇〇キロメートル南東に位置する。オランダのロッテルダムと並んで欧州を代表する港町である。拡張を繰り返し、現在は巨大なコンテナヤードをもつ。

＊ハンザ同盟（Der Hansabund）―ハンザとは商人仲間を意味する。一三世紀から商人たちの海上交通上の安全や商権維持を目的として、北ドイツ、とりわけ、北海・バルト海の貿易都市が結成した都市間同盟であった。ドイツ以外の英国ロンドンのドイツ系商人の地―外地ハンザ―とも関係があった。リューベックを盟主とした。一六世紀頃には衰え、一七世紀には消滅した。背景に英国やオランダでのハンザ商人排斥が広がり、ドイツ人の貿易独占が崩れていった。加盟都市間の利害関係や組織上の弱さもあり、ハンザ会議が開催されて解決策が模索されたものの、リューベックやハンブルク、ブレーメンなどの参加にとどまり、結束力の低下はあきらかであった。

工業面で、ドイツを代表する地域は、ミュンヘンを中心都市とするバイエルン州である。一八一五年にドイツ帝国に入った。他の地域と異なり、石炭などの自然資源に恵まれない農業州であった。いまでは、自動車、航空機などの機械工業、電子機器などハイテク企業が立地する。産業集積や産業クラスターという概念がある。バイエルン州の場合、ベルリンからシーメンスの再立地が、クラスター形成の大きな動因となった。

ミュンヘンと周辺は、電子機器、自動車や航空機などの輸送機器のほかに、金融、IT、映画関連の企業の集積地であり、ハイテク産業の中心でもある。バイオテクノロジー関連企業も増加して、欧州を代表するバイオクラスター——ビオレギオ——となった。背景に、バイエルン州の熱心な誘致政策もあった。産業クラスターでは、マックス・プランク研究所の施設、世界的な研究者が多いミュンヘン大学、同工科大学の存在も大きい。

バイエルン州に隣接するザクセン州は、ドイツ産業革命の中心地であり、繊維と機械の中心地であった。だが、第二次大戦後に東ドイツとなった経緯がある。東ドイツ時代には、生産設備などの近代化に後れをとり、東西ドイツ統一後にも低迷した。その後、徐々に競争力を取り戻した。ドイツ自動車産業、電子機器、太陽エネルギー産業の中心地となった。自動車産業では、欧州連合に加盟した中東欧諸国からの部品調達網の下で、ライプツィヒにBMW、ケムニッツ南部にはフォルクスワーゲン、ブラウェン南部にはネオプラン社、ドレスデン周辺には電子機器企業とソーラー関連企業が集中立地する。シリコン・サクソニーと呼ばれる。

ドイツ工業のイメージは、“Made in Germany”である。それは日本が目指すべき工業国のシンボルであり、“Made in Japan”確立の目標でもあった。これは、いまも日本のドイツ理想国論の根源にある。両国の共通項は手工業の水準の高さであった。中世ドイツ以来のハントベルクで磨かれた技術は、産業革命下の機械化の下でも生き残った。当初、繊維産業がドイツ産業の中心をかたちづくり、鉄鉱山と石炭――褐炭――、豊富な森林資源は金属加工業を発達させた。ルール地方はドイツ鉄鋼業の中心地であった。化学産業も発展した。炭田をもたない南部ドイツでも、工業が発展した。

その後、石油へのエネルギー転換の下、ルール地域の石炭の採掘量は減少した。鉄鋼業も変容を迫られた。ルール地域は、独仏間の軍事衝突のつねに火種であり、古くはクルップ社やティッセンシャー――その後、両社は合併――の拠点であり、欧州最大の工業地帯であった。ルール地域のプロスペル・ハニエル炭鉱も二〇一八年に閉山となった。炭鉱作業員の数も減少し続けた。

ドイツ鉄鋼業はアジアの鉄鋼業との競合の下で、製鉄所の閉鎖も相次いだ。ライン河やリッペ河の周辺、あるいはデュースブルク、エッセン、ボーフム、ドルトムントなどに立地した製鉄所のほとんどは閉鎖となった。現在、輸入炭を利用し合理化を続けたデュースブルク、エッセン、ボーフム、ドルトムントの製鉄所が残る。脱鉄鋼業の産業は自動車、化学、電子機器などであった。大学や研究所、サイエンスパークなどが大きな役割を果たす。とはいえ、この地域の失業率はドイツ西部の主要地域のそれよりも高い。

炭鉱閉山後や製鉄所の閉鎖後の跡地の利用も進んだ。ルール地方は「グリーン・ルール」の標語の下、産業遺産の活用をはかった。採炭施設を観光施設として保存しつつ、商業施設のほか、博物館、映画館、水族館、劇場、遊園地などのレジャー施設もつくられた。この試みは、歴史的産業遺産の活用にとどまらず、環境保全や都市再生のモデルとしてドイツのイメージ作りにも貢献した。炭鉱業を象徴したボタ山も、展望台やスキーなどのレジャー施設としても利用される。

重厚長大産業に代わるべく期待されたのは、ハイテク産業＝知識集約産業であった。ハイテク・ベンチャーのスタート・アップは、ハンブルクやブレーメン、ベルリンなどで顕著であった。私自身もハンブルクのハイテク・ベンチャー育成のインキュベーターを訪れたこともある。最先端技術のハイテク企業群は全国一律に立地しているわけでもない。ミュンヘンは電子機器、ソフトウェア、情報通信技術、ライン＝マインやデュッセルドルフは化学、機械、電気など、旧西ドイツ地域の諸都市で目立つ。東ドイツの諸都市――新連邦州――では、ドレスデンなどが健闘組である。こうした地域では、軽薄短小の地市域集約産業への転換が進んだ。

工業国ドイツのイメージは、「国家ブランド」（Made in Germany）に象徴されてきた。自動車、機械器具、化学製品、電子機器がその中心を占めた。欧州連合の成立以降は、中東欧諸国の安価な部品を完成に組み込み、国際競争力が維持された。これはドイツの「バザール経済化」として揶揄された。これは日本も同様である。輸出依存度の高い工業集積地は旧西ドイツ南部のバーデン＝ヴェルテンベルク州と東隣のバイエルン州である。工業輸出額の三分の一近くを占める。輸出工業は、依然としてドイツ経済を支える主要部門である。

欧州連合のドイツ

欧州連合加盟諸国へのドイツの貿易依存度は高い。ドイツ側の出超が続く。とはいえ、中国市場の台頭で、中国への輸出が増加しつつ、輸入もそれ以上に増加した。ドイツ側の入超である。日本との関係では、ドイツの入超。ロシアとは天然ガスの輸入もありドイツ側の入超である。天然ガスの輸入先のノルウェーとはドイツ側の入超である。ロシアとの関係では、シュレーダー政権時代にプーチン大統領との間で貿易関係が大きく進展した。ただし、メルケル政権時代には、ロシアのクリミヤ・セヴァストポリの関係で、西側諸国のロシア制裁の下で、貿易関係が悪化したものの、ドイツの天然ガスや石油への依存度は大きい状態が続いた。

ウクライナ紛争で、従来のロシアとの関係も見直されつつある。なお、もっとも貿易が大きく伸びたのは中国であり、フランスを抜いて、中国が大貿易相手国へと躍り出た。貿易品目では、ドイツは中国から電子機器と繊維製品を輸入して、中国へは工作機械と自動車を輸出する。中国への進出企業でも、ドイツが欧州最多の国となっている。

ドイツのエネルギー事情では、化石燃料依存ドイツ工業は、欧州最大の温室効果ガスの排出国として脱化石燃料を迫られてきた。一つの解決策が原子力であった。だが、福島第一原発事故を受けて、脱原発宣言が行われた。ドイツ政府は原子力発電に代わる電力分は、再生可能エネルギーの増加で補うことを目指す。再生可能エネルギーは従来の水力に加え、風力、太陽熱、バイオマスである。これらのエネルギー源は、風力発電を中心に増加してきた。だが、実際には輸入天然ガスで補完される可能性が高いだろう。実際には、風力など再生可能エネルギー依存が高くなった地域はドイツ北部や旧東ドイツの新連邦州などに限られている。

欧州域内の対外経済関係は、貿易関係では、ドイツと欧州域内の関係は現在も強い。フランスとの関係では、第二次大戦後の一九五〇年代に、欧州石炭共同体（CECA）と欧州経済共同体（EEC）が創設された。背景に、ドイツとフランスの歴史的関係がある。国境を接する両国の歴史は戦争と和解の繰り返しであった。両大戦も両国の緊張関係から起こった。第二次大戦後は石炭資源等に恵まれる国境地域をどのように友好的に管理するのか。それが両国の外交問題であった。

共同管理の構想は、第五共和政フランスのドゴール大統領と戦後初代西ドイツ首相のコンラート・アデナウアーの個人的な関係から生まれた。それはそのあと独仏協力条約へと発展した。同条約はエリゼ宮で調印されたことで「エリゼ条約」と呼ばれ、両国の若者交流や歴史教科書作成面での協力、姉妹都市提携の促進が盛り込まれた。ドゴール大統領退陣後、フランスはポンピドゥー政権へと移行する。背景に経済成長の光と影では、経済の地域的不均衡発展や貧富格差是正などがあった。一九七〇年代に起きた石油ショックは、フランス社会のさまざまな対立関係を顕在化させた。

欧州連合構想下の一九八五年、欧州域内のベルギー、フランス、ルクセンブルク、オランダ、西ドイツ間の国境審査なしの移動を認めた「シェンゲン条約」が成立した。一九九二年にはオランダのマーストリヒトで外交・安全保障、将来の単一通貨採用を盛り込んだ「マーストリヒト条約」が結ばれた。独仏関係では、両国間の貿易不均衡の是正が重視された。しかし、その是正が進展したとは言い難い。硬直的なフランスの大企業体制と、広範な中小企業を持つドイツ経済において、労働コスト面でもドイツ優位であった。直接投資面も、フランス企業のドイツ投資に比べて、ドイツ企業のフランス投資は相対的に低位にとどまる。

フランスからドイツをみると、東西ドイツの統一化による強国ドイツの成立は、それまでの欧州の政治・外交バランスを崩すかにみえた。事実、ミッテラン大統領は当初、東西ドイツ統一に反対の意思を示した。だが、その後、欧州連合の枠内にドイツをとどめる考え方を推し進めた。一九九三年の欧州統合＝欧州連合により、ドイツとフランスは新たな関係に入った。

結果、欧州内の企業合併や域内投資が進んだ。企業レベルでは、買収・合併後の重複事業部門の整理統合が進み、人員削減が起った。その後の通貨統合によって、各国政府は積極的な財政政策に歯止めがかけられた。これも加盟国へ積極的な財政出動による雇用政策の採用を慎重にさせた原因であった。

その後、緊縮政策か積極財政かをめぐる国内政治の対立が激しくなった。製造業では、一層の自動化の推進、域外生産の拡大が進展した。労働市場も、正規雇用者から非正規雇用者への転換が進んだ。ドイツ政府と同様にフランス政府も、緊縮政策の継続と雇用政策、とりわけ、若者雇用促進との調和が重点課題となった。若者失業者の増加は当然ながらフランス社会の緊張を高め、今後、社会保障制度を財政的に維持できるのかが今まで以上に問われている。

ルパンを党首とする国民戦線の躍進は、背景に、失業問題や社会保障制度の行方、移民労働者問題の今後など社会不安の情勢がある。ポスト・シラクは、従来のグランゼコール出身の官僚政治家とは異なる、弁護士出身のサルコジが登場した。その経済政策は、アングロサクソン型の新自由主義に近いものであった。所得税の最高税率の引き下げ、相続税控除の拡大、資産課税の軽減など。この時期のドイツとも共通した。移民対策では、家族の呼び寄せの制限、不法移民の摘発と本国送還措置の強化、移民認定の厳格化を図った。ハンガリー移民二世のサルコジにとっては、皮肉な対応策であった。

フランスでもグローバル化への対応は、アングロサクソン化であり、フランス企業も国際競争の厳しい環境の下、仏独の合弁企業エアバス社の成功もあった。製鉄国有企業のユジノール・サシロール社は、二〇〇二年にはルクセンブルクやスペインの製鉄企業と合併したものの、四年後にはインドのミッタル社に買収された。公営企業の民営化も進展した。そして、サルコジ政権は再びグランゼコール出身であるものの、投資銀行の役員を経験した三九歳の若いマカロンへと引き継がれた。ドイツとフランスはともに共通課題を多く抱える。

こうしてみると、欧州におけるドイツのあり方が日本に示唆するところも大きい。他方で、それはアジアにおける日本のあり方とは明らかに異なることも多々ある。この類似する点と異なる点の交差点から、私たちが何を学ぶべきか。

第四章　経営比較論

「日本は一定の猶予期間を経て、未確定な将来へ胎動し始めた。しかし、ドイツほど変化の範囲と深刻さが明瞭ではないとしても、現状の延長線上のまま発展し続けることはできなくなることは確実であろう。」

（エンノ・ベルント『ドイツからみた日本的経営の危機――ニュー・ディールの模索』花伝社）

日独経営モデル論

経営の国際比較では、それぞれの国の「代表的」企業の選定から始まる。代表的企業の経営をモデル化して、比較することが多い。経営モデルは、自国の成長企業が参考にされる。国際比較でも、成長企業が目立つ諸国のケースが参考にされる。

企業には栄枯盛衰がある。必然、経営モデルにも流行がある。不易流行のモデルはすくない。日本では、第二次大戦後、それまでのドイツ企業など欧州型モデルに代わって、米国企業が新たなモデルとして登場した。だが、ドイツモデルにも注意が払われた。中小企業研究でもそうだ。たとえば、ドイツ中小企業への共通認識は、おおよそつぎのようなものである。

（一）ドイツ経済を支える重要な存在——中小企業は地域経済の雇用を支えている。日本の中小企業に比べても、直接輸出の機会は多い。欧州域内への取引が多いが、その他の地域へ輸出も多い。日本は、大企業製品に組み込まれる間接輸出だが、ドイツは直接輸出型が多い。

（二）国際競争力の強さ——多くの国で事業展開する。研究開発への投資も積極的である。研究開発投資額を確保できる高収益の経営体質——自己資本比率——である。高収益の中小企業層の厚さ。「隠れた小さな世界チャンピオン」として、ニッチマーケットを開拓し、高い世界シェアをもつ中小企業もある。

（三）家族経営や同族経営の比率の高さ——ドイツにも事業承継の問題がある。親族承継が困難な場合、余力のあるうちに廃業、あるいは外部から経営者を雇い入れ、事業の継承をはかるケースは日本より多い。

（四）下請・系列型が少ない。独立型の中小企業の比率が高い——高収益中小企業層の厚さがドイツ製造業を支える。

戦後復興に果たしたドイツ中小企業の役割は、日本と同様に大きかった。ドイツならではの中小企業の経営スタイルがあるのかどうか。経済社会学の視点からすれば、比較対象の領域は多い。一つは民間企業と政府との関係性である。ドイツ人経営学者のエンノ・ベルントの興味ある日独経営比較論がある。ベルント自身は東ドイツ出身で、日本経営論を専攻した。ベルントは、東ドイツ企業の視点から西ドイツ企業を比較分析する。「社会主義対資本主義」の構図の下で、自由競争の企業活動は、一方で成長企業、他方で衰退企業が生まれる。自由競争はやがて少数企業への経済集中度を高めるとみる。結果、人びとの所得格差を拡大させやすい。所得格差は、自由競争を通じて自動的に調整されるのか。あるいはそうでないのか。比較の前提には、それぞれの経済体制下の自由競争観や国家＝政府の役割への考え方の相違がある。

経済格差が自動調整されるとすれば、衰退企業から成長企業へと経営資源――人的資源も含め――が多少タイムラグがあっても移動できる。実際には、そのようなメカニズムの作用には困難が伴う。経営資源の強制的な移動を促せる国家管理主義的経済（社会主義経済体制）よりも、資本主義体制で経済が発展してきた。どのように解釈すべきか。ベルントはつぎのように解釈してみせる。

「なぜ資本主義はそうした構造的な欠陥があるにもかかわらず、社会主義に勝てたのであろうか。極言すれば、市場経済の欠陥による弊害を最少化する政治的な調整メカニズムが発展し、確立したためである。すなわち、政治という、もう一つの社会サブ（下位）システムにおいて、社会の当事者が市場経済と異なった原理に基づいて、内外の条件とその変化に対応し、利害構図と力関係を調整するために、コンセンサス（社会契約）を図る……資本主義という社会システムには社会契約が常に更新されることが潜在的に可能であり。また、必要でもある。近代化された資本主義社会にはそうした多元的な再調整メカニズムがあるからこそ、国家官僚型の社会主義より長生きしている。」

彼の資本主義体制の「社会契約」の内容は、明らかではない。私なりに解釈すれば、失業保険制度などが示唆される。日本では、失業率は先進諸国のなかでも例外的に低かった。失業者も衰退分野から成長分野へと移ることも可能であった。だが、ベルントは、「一九九〇代初頭の不況でその前提条件が崩れている」と結論づける。何が変化したのか。ベルントは、ドイツ企業との比較で、日本的経営の変質を重視した。

元々、「日本的経営」論は、一九八〇年代に「着目」された。日本人には、意識されなかったやり方が再認識・評価された。皮肉にも、この時期は日本的経営が崩れ始めた時期でもあった。日本的経営の代表は、加工組立分野の大企業や中堅企業であった。その経営が欧米企業と異なる点が「日本的」とされた。具体的には、つぎの諸点である。

（一）　新規学卒一括採用制度の下で、大企業の従業員は同一会社や関連会社で定年退職を迎える。人びとの企業間移動は制限的であった。企業一家という意識が強かった。ただし、正規雇用者のみに有効な制度でもあった。

（二）賃金格差を利用した下請・外注制度による分業関係の存在。

（一）は、高度成長下の若年労働者不足の時代、新卒一括採用は学校と企業との間に構築された。これにより、若年層の賃金を相対的に低い水準に抑え込み、年功序列賃金制度を成立させた。若年労働者も、同一企業内で年功賃金を実感できた。長期の勤務者が増え、外部労働市場の発展が遅れた。企業側には、若年層の不足で初任給が上昇しても、外部労働市場と切り離した内部労働市場に若年層を取り込んだことで、賃金を相対的に安定させるメカニズムでもあった。

内部労働市場≒同一会社での長期勤務は、人びとの意識から外部労働市場への連動感を喪失させた。賃金は、他社への転職で機会費用を高めることになる。米国企業の賃金決定理論は、日本の長期雇用の実情に合致しなかった。日本では、新卒採用は長期雇用へのメンバーシップ・カードであった。

長期雇用は一方で過労死や、他方で種々のハラスメント問題が生まれる温床となった面は否定できない。待遇が良くなければ、さっさと転職し、自らの労働条件に合致する場を求めればよい。だが、それがどこかで批判される社会的規範――世間体や同調圧力――の影響が大きかった。

ベルントの「日本的経営」消滅論は、日本の人口動態論でもある。少子高齢化の下、大企業中心の雇用形態の維持は困難となってきた。正社員の長期雇用と年功序列賃金の維持の背景には、非正規雇用の比率の上昇があった。ベルントは、日本的経営の前提を企業の「運命共同体」の絶対的価値観とみた。

それは、個人の努力と犠牲の下、「強者の利害を優先させる」ものであったと批判する。労使関係では、つねに企業側が強く、労働側が弱いとされた（＊）。

＊ベルントは、日本の大企業を代表するトヨタ自動車とドイツのフォルクスワーゲン社の人件費率を比較して、トヨタ自動車側は相対的に低いことを引き合いに出して、日本の労使関係は企業側が強い関係であることを指摘する。また、一部の研究開発職をのぞき、「労働組織全体の高度な弾力性」を確保するために、正規従業員は現場思考のジェネラリストへと育成される。これはかつての小池の日本経営論では、一企業という「文脈」のもとで育成されたジェネラリストということで、特定企業組織の文化が反映されているため、他社への転職の可能性を低める。

子細にみると、大企業の正規雇用は、パート社員、派遣社員や季節工など「縁辺層」によって維持された。外部的には、中小企業が外注・下請け先として利用された。ベルント自身はつぎのように指摘する。

「『日本的労使関係』は中核労働力を同一化（組織の一員に）し、その再生産を内部化するとともに、周辺労働力を市場原理（需給動向とそれを反映する価格推移）に応じて活用する制度であると言える。つまり、労働力提供者相互間の競争（個人間の淘汰選別）と協力（個人間の相互依存）を融合的に組織することによって、企業組織に対する個人の依存（個人の選択肢に対する制約）とコミットメント（企業組織への個人自己実現の限定）が再生産される。」

今後も、日本的経営は維持されうるのか。それは日本的経営が経営環境の変化――国内経済の成長鈍化、グローバル化の進展、技術革新、少子高齢化、社会的価値観の変化等――へ対応できるかどうかに拠る。ベルントは、「英米型モデル」とは異なる「第三の道」で「生産性」向上の経営を模索すべきと結論づける。彼自身は、ドイツ自動車産業を事例として、フォルクスワーゲン社のワークシェアリング導入に言及する。これはドイツ産業全体のなかでも高賃金体質となっていた自動車産業で、ワークシェアリングで雇用を保障するというものであった。

今後、技術革新による従業員数削減で、生産性向上が達成された場合、課題は余剰労働力の他産業への円滑な移動である。これはドイツのみならず、日本企業の問題である。日本では労働移動がダイナミックに進展しなかった。実態としては、長期雇用層の比重が、新卒者採用を抑制しつつ少しずつ低下していった。同時に、縁辺労働層の拡大とともに、外注――国内外――を拡大させたのが実態であった。この対応方法も、現在は曲がり角に来た。自動車産業など既存の主流産業に代わる成長産業が出現していないこと。これも問題だ。ドイツもまた同様である。

経営を国民性から論じることは単純ではない（＊）。日本企業を構成するのは日本人であり、ドイツ企業を構成するのはドイツ人である。この種の経営論は日本人論やドイツ人論に収束しやすい。そのような論考も多い。他方、企業の統治（ガバナンス）に着目すると、議論は比較制度論となる。ガバナンス論とは、平たくいえば、「会社はだれのもの」論である。だれのもの論は、経営と所有の問題でもある。だれが会社を保有するのか、株式会社であれば株式を保有する者である。株式保有者には個人と法人——いわゆる機関投資家も含め——がいる。

＊詳しくはつぎの拙著を参照。寺岡寛『経営学の逆説——経営論とイデオロギー——』税務経理協会（二〇〇八年）。

日独の経営比較論

日独比較論では、日本企業もドイツ企業も銀行の株式保有の割合が高かった。これは株式持ち合いとして、企業のガバナンスを歪めたと非難された。英米企業との比較が前提である。これは利害関係者＝ステークホルダー論にも関係する。利害関係者には、経営陣、従業員、株主、そして企業の立地地域の関係者等が含まれる。

一九九〇年代以降、日本でもドイツでも銀行等の株式保有が、グローバル化という物言いの下で見直されてきた。日本では、銀行グループ企業の間の株式相互保有——持合い——も変化し始めた。背景に、米国との貿易等の不均衡是正の構造改革の外交課題があった。それはグローバル化よりも、アメリカ化であった。ドイツでも事業会社の株式持ち合いの解消がいわれ、株式売却を促す税制改革が行われた。結果、ドイツでも大銀行による取引先企業との株式持ち合いも変化した。

ガバナンス論では、企業の所有者とは株主であり、最大保有者が取締役会で議決の主導権をもつ。従業員の役割は取締役会の決定事項を経営陣が実行し、従業員はそれに従う。組織は感情のないロボットで構成されていない。組織は生身の人間が働く場である。現実には、人と人の関係がある。

日本企業は労使関係を重視し、その関係は双方的とされた。ドイツではその関係が制度化されてきた。「共同決定」制度である。この点では、日本的経営の特徴は制度化されたものではない。このこともあり、ドイツの共同決定制度による労使協調路線が近代的であるとみられた。

ドイツ企業経営者や労働組合関係者は、共同決定方式をどのようにみているのか。欧州連合で共通制度が導入されるに従い、各国の制度も見直されてきた。ドイツ法人の英米企業や日系企業も、共同決定制度にどのように取り組んでいるのか。気になる点である。ドイツの経営関係学会で、グローバル経済下では、共同決定制度の意思決定の遅さがビジネスチャンスを逃すと批判もあった。他方で、ドイツ企業（＊）のストライキ発生率は現在まで低位にとどまったのは、労使が共同決定方式の下でコンセンサスを求めた結果でもあった。

＊先のステークホルダー論では、ドイツではいまでも株式会社は少なく、有限会社が多い。また、欧州連合の下で、共同決定方式にとらわれない企業形態――「欧州会社」――も出てきている。

単純な制度比較は注意を要する。経営に影響を与えた文化的＝制度的な枠組みを見ておく必要がある。この視点を重視したのは、英国人の日本研究者のロナルド・ドアである。ドアは『株式市場資本主義対福祉型資本主義』（邦訳『日本型資本主義と市場資本主義の衝突』）で、日独企業の共通性と英米企業との異質性を強調する。

ドアは「ドイツでは、企業は社会全体に対して重要な責任を持つ公共的な機関であるとする感覚が日本に比べて強いが、やはり株主よりも従業員が最重要のステークホルダーであると考えられてきた」と指摘する。いまでは、ドイツでも株主重視の経営への比重が高まってきた。問題は、日本もドイツも米国型を理想化して、なぜ、従来の経営スタイルを変革しようとしたのか。ドアは「日本でこうも熱狂的に、ほとんど自暴自棄的に（米国型への―引用者注）変革が求められているのか」と問題提起する。

従来の従業員重視の擁護者はどこへいったのか。日本の労働組合組織率は低下し、労働組合運動は低迷を続ける。労働組合の低迷は労働組合支持政党の凋落を招き、労働法制も緩和の方向を辿って来た。ドアも、経営層の高所得を批判する政党以外で「日本モデルを防衛する組織体は見つかるだろうか」と問う。

そうであれば、日本もドイツも株主資本主義へと突き進むのだろうか。株式市場とは何であるのか。米国では、企業も「商品」である。その売り買いが企業買収で重視される。日本やドイツでも、今後、そのようになるのかどうか。注視すべき課題である。

先に、従業員重視の経営が日独双方に共通と指摘した。ドイツでは労働組合の組織が水平的で、日本では組合という企業内の組織は垂直的である。ドイツでは、厳格な労働法制が存在する。日本は世間ルールのように慣行的である。前者が近代的、後者が前近代的と単純にとらえてよいのか。日本的経営礼賛の時には、後者が評価された。経営論は、いつも、その時々の「良い企業は良い」論に収束する。企業の国際比較はむずかしい。

日独比較経営論のベルントは、両国はともに英米流でない第三の道を目指すべきとした。「第三の道」論はどうあるべきか。経営は資本を利用する。これは資本の論理と企業の論理との関係性との相性である。組織とは単なる集団ではない。組織とは、一定の目的を有する集団である。資本の論理との相性では、新古典派以来、企業とは利潤極大化を目的とする組織である。利益は分配を前提とする。分配先は資本の提供者たる株主、資金提供者、経営陣、被雇用者たち、国家など租税権者。この分配割合は、組織としての企業との関係による。

ドアの言葉を借りれば、株主資本主義の米国企業では、株価と配当が大きな経営上の指針である。福祉型資本主義国の日独では、従業員と金融機関との関係が重視され、短期的な株価は経営上の指針とはなりえなかった。だが、日独とも株価重視の経営へと転じたとされる。ただし、そのような企業は中小企業や国内市場重視の大企業ではなく、世界市場を相手にする巨大企業群である。株主も国内を超える。世界の機関投資家――投資ファンドも含め――も株主に名を連ねる。日本企業であっても、過半が外国人株主である企業の割合も確実に増えた。

日本的経営論の虚

マルクス経済学では、労働力の商品化を資本主義経済の特徴とみなした。現在では、労働力＝従業員の商品化から、企業の商品化へと時代は進んできた。商品の価値が価格に置き換えられ売買されるように、企業の価値が株価に置き換えられ売買される。経営学者の三戸公は、英米企業と異なる日本企業の「何か」を明らかにしようとした。三戸の「家の論理」論である。

三戸は「日本の株式会社は、欧米例えばアメリカの株式会社と比べていちじるしい違いがあり、日本の企業の行動様式はアメリカ企業の行動様式と比べてかなり異なった様相を示している」と前置きしたうえで、自身の考えを『現代の学としての経営学』で、つぎのように提示する。

「現代日本そしてまた先進資本主義国といわれる国々は、いずれも財産中心社会＝個人所有にもとづく支配の社会＝資本主義社会の内部に組織中心社会＝機関所有にもとづく経営者支配の社会＝管理社会が生れ、後者が次第に増大して、前者のウェイトが減少しつつある社会であり、そのうち日本がその歴史的動向が最も進んだ国であり、社会主義といわれる国々は個人所有を一挙に機関所有にかえ決定的に経営者支配の社会にかえた国々であるととらえる。」

三戸経営学の中心には「共同体」論――三戸の『財産の終焉』――がある。その日本的文脈こそが「家の論理」であった。三戸の言葉で語っておこう。

「日本の企業の共同体化の度合いは、欧米諸国のそれより進んでいると把握する。……だからといって、わたくしは、日本の株式会社が欧米と著しい相違を示すのは、日本が欧米より脱資本主義が進み企業が共同化しているからだ、とのみは把握しない。」

共同化が資本主義体制下での「普遍的」原理だとしても、三戸は、日本には「欧米と異なる特殊な論理がある」と考えた。三戸の「共同体」はわかりづらい。企業をステークホルダーの利益共同体とすれば、その維持には利潤が必要である。だが、それ以上に重視される「共同体」論理が日本にはある。これが三戸の見方である。

三戸が意識したのは、西山忠範の組織論――『支配構造論――日本資本主義の崩壊』（一九八〇年）――である。同書で、西山は、日本企業が同じ資本主義国である英米の企業とは異なることを問題視した。具体的には総会屋で象徴される空洞化した株主総会、配当軽視等々である。

歴史的には、三戸は第二次大戦前の日本企業の方が英米的――「資本家支配」――であったとする。なぜ、それが戦後、変質――「経営者支配」――したのか。この「なぜ」の論理こそ「家の論理」である。三戸は、『現代の学としての経営学』で、「家」は「日本社会における独自の論理」とみた。それは「ファミリー」の意味での家族制度ではない。また、血縁関係の有無でもない。それは「家」としか言い表せないとする。これは血縁関係をベースとするファミリーではない「経営体」である。特徴はつぎのようなものだ。

①「家」の維持・繁栄を目的とする経営体であること。家の繁栄は家族の繁栄であること。

② 「家の論理」の下では、「資本の所有者の個人的利潤追求、配当極大化の論理より、家としての企業の繁栄をはかる経営方針が、日本の企業の支配的ビヘイビアとなった……利潤率より、売上高マーケットシェア重視はまさにここから発しており、現在海外から注視されている日本型長期経営計画もまたここより発している」こと。

③ 「家の論理」の下で、「終身雇用」→「年功制」→「労働組合の論理と家の論理の合体物」としての「企業別組合」→「ローテーション人事」→家ごとの労使慣行の形成。

三戸によれば、家督相続人＝「家長」≠社長は「家督相続人であり、家長であり、家長として家督相続人として家の繁栄につとめる地位に立つ。親は子の公平無私、子は家のため滅私奉公する。それが家の繁栄になるボトム・アップ方式とか全員経営者方式が生れる所以である」となる。だが、経営環境の変化の下、「家の論理」も変化した。三戸の「家の論理」とは「家産論」である。つまり、会社の財産≠家産とは、「家」の維持繁栄の物的基礎である。それは家長の管理下に置かれる。家産の所有者の自由にはならない。

家産の論理は、「資本主義体制」の日本でも作用する。三戸によれば、日本で資本主義制度や株式会社制度が「定着」したのは、「家の論理」にうまく接木されたからである。だが、所有の論理はどのように変わったのか。所有の論理が優先する欧米型資本主義の株式会社観では、商品として企業の売買が正当化される。しかし、三戸の家産論では、それは「日本では許すまじきこととして非難の対象になる」。

家督＝会社の維持継承には、株式会社の最高意思決定機関＝株主総会での安定株主の確保が必要となる。だが、東芝の株主総会のように、総会屋の声は掣肘されつつ、「モノ言う」株主の存在が大きくなった。三戸経営学の「家の論理」の比較対象が、もっぱら米国の株式会社であるのは気にかかる。日独比較論では、ドイツ企業やフランス企業、さらにはアジア諸国の株式会社との比較が必要となる。

三戸の「家の論理」と「日本的経営」は一致するものなのだろうか。米国からは、日本的経営は「系列」や「グループ内企業の株式持合い」が特徴とされた。それはオープンなものでなく、排他的――米国企業などに対して――なものとして、貿易摩擦盛んなころから問題視され、批判され、その変革が求められた。

既述のように日本的経営の「属性」――大企業の多くにみられた諸特徴――として、アブグレンなど「外人の言を尊び有難がる」ものとして、「終身雇用」「年功制」「企業別組合」の「三本柱」が定番であり、その後、横文字標語的に「ＴＱＣ（Total Quality Control）」「ＯＪＴ（On the Job Training）」、ＬＲＰ（Long Range Planning）」が付け加わった。米国企業でもそのような企業もある。日本企業でも異なる企業もある。この議論の決着がつくことはない。

それゆえに、日本的経営とは日本人による経営形態論になりやすい。この場合、日本的経営論は容易に日本人論へと転化する。「国民的心理特性」＝「集団主義」や「家族主義」で論じられた。三戸によれば、「家の論理」は封建的＝前近代的な残存物でもなく、時代の趨勢に応じて表面的な形を変え、本質が継承されてきたものとされた。その論証はなかなか手ごわい。

三戸は、「家の論理」がすべて素晴らしいとは見ていない。三戸には、一九八四年のくだけた内容の『会社ってなんだ——日本人が一生すごす家——』もある。会社とは、日本人が新規学卒一括採用制度を通じて一生を過ごす「家」であり、「滅私奉公」の「会社人間」の土壌を批判する。そこからは、彼の苛立ちが伝わってくる。三戸が言いたかったのは、真の意味で「家の論理」が守られず、ご都合主義的なまがい物の「家の論理」が乱用されてきたのではないか、と主張したのだ。三戸はいう。

「家の論理は、消滅するであろうか。あるいはまた、容易に消滅しえぬものであろうか。もし容易に消滅しえないものとすれば、日本という国家を会社国家より脱皮せしめ、国民一人一人とその全体を、物とともに、いや物とともに、いや物よりもむしろ心豊かな国につくり上げ、……家の論理を、会社のために働かせてよいであろうか。……今、われわれは次の世代に、そして遠い未来に世代に、何を残そうとしているのであるか。」

この指摘から四〇年以上が経過した。正規雇用者中心の組織構造も変わってきた。「家」意識は変化しても、それが「生きている」すれば、そこに合理性があるからだ。「家の論理」はある種の「企業文化」論でもある。企業文化といった場合、どの規模の企業層を比較対象とするのか。それにより、「企業」文化は異なる。企業には、大企業、中堅企業、中小企業（*）、小規模企業、自営業などがある。企業文化は、異なる対象層により大いに異なる可能性がある。ましてや、一国の大企業と他国の小規模企業の比較が有効なのかどうか。

＊ドイツの場合には、日本のような法的定義はない。ドイツ連邦統計局では、欧州連合の定義に沿って、中小企業とは従業員で二四九人以下、売上額で五〇〇〇万ユーロ以下の企業となっている。中小企業はさらに、小規模企業（九名以下、二〇〇万ユーロ以下）、小企業（四九名以下、一〇〇〇万ユーロ以下）、中企業（二四九名以下、五〇〇〇万ユーロ以下）となっている。ボンの中小企業研究所の定義では、中小企業は五〇〇名以下、売上額五〇〇〇万ユーロとされる。日本の中小企業の定義は「中小企業基本法」に依拠する。製造業・建設業・運輸業では従業員で三〇〇名以下、資本金額で三億円以下となっており、卸売業（一〇〇人以下、一億円以下）、小売業（五〇人以下、五〇〇〇万円以下）、サービス業（一〇〇人以下、五〇〇〇万円以下）となっている。小規模企業では、製造業・建設業・運輸業（二〇人以下）、卸売業・小売業・サービス業（五人以下）となっている。

また、単なる企業規模だけではなく、経営組織と経営者に関わる論点もある。経営史の泰斗アルフレッド・チャンドラー（一九一八〜二〇〇七）は、『規模と範囲――産業資本主義のダイナミックス――』（邦訳『スケールアンドスコープ――経営力発展の国際比較――』）で、ドイツ企業は英米企業とは明らかに異なる特質をもつと指摘する。根拠を「市場」、「原料供給源」、「資金調達方法」での相違に求めた。

チャンドラーは、英米独の資本主義のかたちを、米国＝「競争的経営者資本主義」、英国＝「個人資本主義」とした。ドイツは「協調的経営者資本主義」とされた。理由として、国内市場が大きくなく、外国市場の開拓のため、ドイツ企業は競争よりも協調が優先されたとした。その調整がドイツでは銀行の役割であった。銀行家たちは、資金提供を通じ、多くの企業の経営に関与した。チャンドラーはドイツ企業のマネジメント能力――外国市場開拓や関連産業への多角化――を高く評価した。

経営学者のドイツ

そうした特徴をもつドイツ企業から派生した経営学――「経営経済学」――の嚆矢は、ライプツィッヒ商科大学設立の一八九〇年代末に始まって、一九二〇年代のワイマール共和国で発展を遂げた。第一次大戦後からのドイツ経済の復興には、労使協調体制の下、産業の合理化と生産性の向上が不可欠とされた。その役割を担ったのがドイツ経営学であった。生産性向上の実践学としての経営学が模索された。経営学はそれぞれの国の経営課題を背負う。ドイツ経営学は、一九二〇年の「経営協議会法」の下、当初から、労使関係の平等性を重視した。これは日本の戦前経営学とは異なる歩みでもある。

日本の経営学者のドイツ企業やドイツ経営学への理解は、現在にいたるまで、およそつぎのようなものであったろう。

（一）　株式会社の数は少なく、株式合資会社や株式有限会社が多い――創業者一族やその関連財団など特定の出資者が過半数の資本出資持ち分を所有する傾向にある。日本と異なり、徹底的な財閥解体が起こらず、大企業でも、創業者一族などが設立した財団が影響力を保持する。

（二）出資者と債権者としての金融機関——金融業務と証券業務の双方を兼ねる——の影響力が強いこと——（一）に関連して、寄託議決権の存在によって、個人投資家が出資持分＝議決権を金融機関に寄託する。同族支配だけではなく、役員や監査役会議長を派遣する金融機関の影響力は大きい。

（三）コーポレート・ガバナンス——監査役会と取締役会による「複層的」ガバナンス制度の存在。監査役会＝取締役会の業務執行——経営方針・戦略など——の同意と監督、取締役メンバーの任命権。

（四）社会的市場経済理念——市場競争と社会的公正の両立・秩序ある競争。従業員の経営参加。企業の経営社会政策＝福利政策の充実と労使協調的な経営。ワイマール憲法（一九一九年制定）の「事業所労働者協議会」規定と「経営協議会法」（一九二〇年）は第二次大戦後も継承。従業員の経営参加に関する指令は、欧州連合の「欧州株式会社規則」（二〇〇一年九月）にも引き継がれる。

わかりづらいのは（二）ではないだろうか。労働者参加の二層制をとるドイツの場合、監査役会は単なる会計の監査だけでない。経営全般を監督する。「監督役会」とも訳される。「監督役会」は株主と労働者代表で構成される場合が多い。経営陣を任命し、その経営を監督し、罷免権をもつ。

監督役会への労働者代表の参加は、日本の経営者には違和感がある。欧州連合加盟国では、労働者代表組織の労働組合と、組合員以外の従業者も含む労使協議制の二層制――デュアル・システム――がある。ドイツの労使協議会は、「経営組織法」に基づく。労使協議の場の設置は、フィンランドなどでは設置基準を満たせば設置される。ドイツは被雇用者からの発意が前提である。

ドイツの経営協議会の「行動決定」対象は、人事、教育、労働条件、解雇など労働全般にわたる。企業側は労働組合と労働協約を結ぶ。労使協議会は事業所単位である。労働組合は企業内組合ではなく、産業別である。労使関係は複数ルートを通じて調整される。さらに欧州連合には、労使関係や労働条件などの「労使協議指令」がある。労働組合参加メンバーは専門職や管理職、労働現場の責任者を含む。日独の相違は、両国間の歴史的堆積として制度史の相違でもある。

日本では、労働組合制度ではなく、第一次大戦後に労使間の懇談・協議の場＝工場委員会制度が設けられ、大企業を中心に普及した。戦時体制下、工場委員会は産業報国運動により廃止となり、敗戦を迎えた。工場委員会制度は法制化されなかった。敗戦後の一時期、商工省は工場委員会のような紛争処理機関として経営協議会を想定した。だが、労働組合を容認する米国占領の下で、労働組合法制が展開した。

これには前史があった。ドイツ理想国派の内務省官僚は、内務省私案＝「労働委員会法案」――常用雇用者二〇人以上の事業所――を考えていた。労働運動への予防目的であった。東京府工懇話会や大阪工業会なども労使協調の委員会案を提案した。いずれも日の目を見なかった。他方、本家のドイツは戦後も経営協議会にこだわった。一九七〇年代に、「経営組織法」の改正で、被雇用者の権利が拡充された。経営協議会制度は、統一ドイツ後も継承された。ドイツでは労働協約の交渉は企業ごとではなく、産業別に「安定的」な労使関係が維持されてきた。

しかし、一九九〇年代以降、労働組合と使用者団体の組織率は低下した。二〇〇〇年代以降、組合員数の低下に歯止めはかかっていない。従来の労働協約の成立が困難となるケースもでてきた。金属産業労組以上に、組合員の減少が顕著なのは建設・農業・環境産業労組、鉄道交通労組、食品・飲料・宿泊業労組である。他方、医師や航空パイロットなど高度専門職種の専門職労働組合も結成された。

背景に、産業と事業所単位が共通利益を享受する時代が去ったことがある。産業単位の労使協約による集団的労使関係がむずかしくなるなか、ドイツ政府は法定最低賃金制度を導入した。労働者組織率の高い労働組合との労働協約と、既述の専門職労組との労働協約のどちらを優先し全体協約とするのか。この点をめぐって、ドイツでも訴訟が起きた。

企業はつねに合理化を進める。生産過程の労働節約的な自動化も一層進展した。現在では、ドイツ政府の進める「第四次産業革命」（*）の下、労働力の企業間・産業間・地域間の流動性が一層進む可能性も大きい。従来の労働法制の見直しも必要となろう。

*ドイツ政府は、二〇一一年に「ハイテク戦略二〇二〇年行動計画」を発表した。この計画案は、ドイツ政府の産官学共同プロジェクトの素案がベースとなった。気候・エネルギー、健康・食品、通信などが重点分野

とされた。具体的な将来像としては、スマート工場などが挙げられる。

労働法制は、いずれの国でも政治の変化をもたらした。それは、時として、政権交代や政党再編成にもつながった。ドイツもそうであった。ドイツの政権交代の背景にふれると、失業の大量化・長期化が進んだことが影響した。一九八〇年代の保守中道のコール政権下の「就業促進法」の制定もこの文脈に沿った。

工業国ドイツでも、第三次産業の比重は高まり、非正規労働者が増加した。技術革新の進展や国内産業の空洞化により、労働条件や雇用形態など働き方も変わった。国内事業の整理再編の下、労働側が大きな負担を強いられた。労働組合が未組織の中小企業では、一方的なしわ寄せが目立った。経営協議会によるドイツ型労使関係も、グローバル化の下で、新たな段階にある。

日独の経営スタイルを特徴づけた製造業は、国内から海外へとシフトした。結果、従来のやり方も変容してきた。ドイツと同様に、日本企業の雇用慣行も変化するのか。新卒採用では、インターンシップ制度が導入された。内実はドイツとは異なる。日本では、それは就職希望者の早期登録制度の別名のような実態である。

石塚史樹は『現代ドイツ企業の管理層職員の形成と変容』で、ドイツでは一九八〇年代頃から、大学生の実務経験を入社希望者の必須の資格と位置づけるようになったとする。具体的には、企業での「企業実習終了証明」が求められる。

ドイツも含め、多くの国では、当初から新卒者が無期限の雇用契約対象ではない。一九九〇年代に一〜二年の期限付き労働契約の下、「企業実習生」制度が置かれるようになった。他方で、ドイツ企業の国内事業の縮小・再編により、高年齢層の雇用が減少し、新規採用者の雇用が重視されるようになった。

石塚自身は、ドイツ化学工業を例にして、雇用形態の変化を時系列的に追っている。ドイツ化学工業も一九九〇年代に海外諸国との競合の結果、事業再構築が進んだ。東西ドイツの統一後、旧東ドイツの化学工業は縮小再編された。旧西ドイツの工場との事業再編の下、人員削減と合理化が進展した。この過程はドイツ化学工業の海外事業拡大の時期でもあった。国内雇用の比重は低下し、大学生の化学専攻離れも進んだ。

化学に限らず、ドイツでも日本と同様に大学生の脱製造業志向が強まった。一方で、先進諸国と同様に、コンサルタント業の人気は高まった。これ以前に、コンサルタント業が盛んになっていたのは米国である。ボストングループなど、大手のコンサルタント企業は世界各地に現地法人をもち、大手企業との取引も盛んである。ドイツでも世界的なコンサルタント企業が生まれ、大きく成長してきた。

現在は総合コンサルタント企業の時代から、個別の専門分野のコンサルタント企業が多く生まれた。事業規模も自営業レベルから中堅まで千差万別である。米国の大手コンサルタント業をイメージして、コンサルタントは高級上位職とみられがちである。若い学生にはそのような傾向が強い。

石塚はドイツ化学工業の中間管理職団体が実施した、コンサルタント業アンケート調査の結果を紹介する。これによれば、経営管理層は、化学工業再編に関するコンサルタントたちの助言・提案を肯定的ではなく、むしろ「何ももたらさなかった」、「企業業績を悪化させた」とみた。解雇対象とされた中間管理職層からみれば、外部から組織のフラット化と中間管理層削減のアドバイスを好意的にとるはずはない。大事なのは、この時期以降、ドイツ化学工業の中間管理層を中心とした雇用削減が進展した事実である。ドイツの伝統ある工業での安定した労使関係も変容した。

経営診断の系譜論

日独の若者たちの間で人気のコンサルタント業とは、何であろうか。日本企業も、米国大手コンサルタント企業に組織改革案を委託するようになった。だが、経営陣を変えることなく、外部アドバイスの活用など可能なのであろうか。日本でも金融系や総合研究所系のコンサルタント会社やコンサルタント業務が、一九九〇年代に大いに進行した。だが、内部経営資源に限りのある中小企業こそが、事業再構築などのアドバイスを必要としていた。

コンサルタント面で、世界的にもユニークな制度は、日本の中小企業診断士制度ではないだろうか。中小企業診断士制度（*）は、当初、地方自治体で中小企業へ「経営指導」を行う職員の資格として創始された。旧中小企業事業団の中小企業大学校での研修修了者の資格であった。その後、金融機関の職員など一般人にも開放された。現在「中小企業診断士」は「大人の資格」として人気を博す。専門学校でも受験対策資格講座が開設された。

＊昭和二七［一九五二］年に「中小企業診断員」登録制度が創始された。都道府県の中小企業指導に携わる職員が対象であった。昭和三八［一九六三］年に「中小企業指導法」――その後、「中小企業支援法」へ衣替え――が制定された。この制度では、工業組合や商業組合の組合診断、工業団地などの高度化事業診断、設備近代化のための経営診断などに診断員――もっぱら公務員――が携わった。診断員資格は、社団法人中小企業診断協会や中小企業事業団の中小企業大学校が育成度をスタートさせた。当初は、商業と工業の二部門であった。昭和六一［一九八六］年には情報分野も新たに設けられ、現在では分野別ではなく一般化されている。平成一二［一九九九］年の「中小企業支援法」で、当時の政府の民活方針に沿って、公的な中小企業指導員の資格取得の「民営化」が進展することになる。これ以降、地方自治体の公的診断業務は縮小し、外部の中小企業診断士への委託が多くなっていくのもこの時期以降ではなかったかと思う。中小企業診断士養成講座も、私立大学や日本生産性本部、札幌商工会議所などへと拡張していくことになる――公立では兵庫県立大学だけ――。ペーパーテスト――マークシート方式――の第一次試験合格者が、こうした大学での養成講座を終えると二次試験免除で中小企業診断士の資格が与えられることになった。

この制度について考察しておくべきは、つぎのような論点がある。

（一）　国家が認めた中小企業経営診断士と一般的な経営コンサルタント業との根本的な差異とは何であるのか。

（二）他の国家試験対象職種、たとえば、医師免許、薬剤師免許、公認会計士免許、税理士免許、弁理士免許との根本的な差異とは何であるのか。

（三）なぜ、国家が試験を通じて合格者に資格を与え、中小企業に経営改善の指導を行うのか。

最初の点である。なぜ、国家試験の対象だろうか。実際には、経済産業省所管の国家試験であるものの、試験の実施運営は一般社団法人中小企業診断協会である。ただし、経営コンサルタント業は、法人登記の上で設立は自由である。また、衛生法などの規制を受けることもない。国家の許認可からも無関係である。

二番目の点でも、医師や薬剤師のように生命に関わる一定の知識や技能水準が免許で厳格に担保されてはいない。にもかかわらず、中小企業を対象にする経営診断に関わって、なぜ中小企業診断士だけが国家資格となるのか。これを解くカギは制度の出発点にある。

中小企業診断士は、戦後に登場した。だが、戦前に端緒を見いだせる。簿記指導であった。なぜ、国家主導の下で個別経営に、国家がその改善に介入したのか。背景に、金融恐慌や恐慌があった。倒産著増で失業者があふれた。輸出産業が大打撃を受け、日本経済は大混乱となった。多くの事業は金融支援を必要とした。しかし、金融恐慌以降、金融機関も深刻な状況にあった。国家の金融支援が焦眉の急となった。

大蔵省へも、地方からの金融緩和の陳情が相次いだ（＊）。政府も地方の金融機関へ与信枠を拡大させたが、貸し倒れを危惧し、中小零細業者にまで資金が行き渡らなかった。信用保証制度の登場もこのような背景の下であった。融資を渋った金融機関にも、事情があった。中小零細業者の簿記などへの理解も低く、どんぶり勘定経営が多かった。簿記指導が行われ始めた理由がここにあった。

＊詳細はつぎの拙著を参照。寺岡寛『日本の中小企業政策』有斐閣（一九九七年）。

当時の事情を知る播久夫は、のちに『実録中小企業運動史――戦前の小売商問題と戦後の中小企業問題――』で、制度創設の背景に「会計整理の不完全な」状況があったと指摘する。当時、小売商のほとんどは「正規の簿記」を実施していなかった。「上」からの簿記普及運動も始まった。東京都商工課でも、指導員養成所を設け、修了生を各区に指導員として配置した。他方、工業指導所あたりでは技術指導が進んでいた。日本の軍事経済化の下、中小工業者の技術水準の向上が不可欠になっていた。

戦時体制の一層の進展の下、商業指導員の仕事は簿記指導ではなく、組合設立を通しての物資配給指導へと移った。そのためには、個別中小企業の経営実態の把握の必要があった。簿記などのデータが必要であるものの、多くの中小企業は会計事務に精通していなかった。簿記指導担当の簿記指導員制度の導入が必要であった。

平時の場合には、深刻な恐慌時を除き、政府が金融支援のために、個別経営へ強制的に経営を指導することはない。民間企業への全面的な指導は、国家介入を必然化させた事情がある。歴史的には、軍事経済体制の構築のために、日本もドイツも政府の関与がみられた。

具体的には、軍需生産の拡大のために、原価計算方式が浸透していなかった中小企業＝協力工場への指導が必要となった。ドイツでも、小規模な工場主へ原価計算のセミナーや実地指導が行われた。ナチス政権の諸制度に関心をもった日本の研究者や政府関係者は、ドイツの状況を熱心に研究した。

それ以前にも、ドイツ式の原価計算制度への関心は高かった。背景に、ドイツの産業合理化運動の成果への着目があった。日本もドイツに習って、商工省に臨時産業合理化局を設け、ドイツ原価計算制度を調査研究する財務管理委員会が発足した。この時期、一九二三年のドイツの「カルテル令」を意識して、日本でも「重要産業統制法」が制定された。業界団体はカルテル結成が可能となった。

政府はその監督・指導をすすめた。カルテルの「適正価格」のための原価計算が必要となった。この理論的基礎をドイツから学ぼうとした。昭和五［一九三〇］年頃からドイツ原価計算文献が翻訳され始めた。ドイツ原価計算文献に依拠した書物も出版された。その後、日中戦争の拡大によって、原価計算は軍事物資の適正な調達価格に関連するものとなった。

軍関係者や会計学者も原価計算へ取り組んでいた。山下奉文陸軍大将のドイツ視察がきっかけであった。山下は、視察を通じて、ドイツ陸軍が軍需品調達で合理的な計算方法を導入したことを知った。政府も、鉄道などの政府直営事業所で独立採算を重視し、経費と収益計算の必要性があった。市場で競争する民間事業と異なり、経費削減へのインセンティブは官業では高いわけではなかった。

海軍は、大正時代のワシントン軍縮条約下の艦政予算の大幅削減で、建造費の原価低減の算定が必要となっていた。経費節減の要請の下、海軍工廠でも原価計算制度が精緻化していった。戦争体制の一層の進展の下で、陸海軍双方から受注する事業所にとって、陸軍と海軍の二通りの原価計算手続きは煩雑なものであった。一本化を望む声が強くなる。

統一化の作業は企画院に委ねられた。財務諸準則統一協議会が設けられた。会計学者も参加した。彼らはドイツの「原価計算総則」を参考にして、三〇業種以上を対象とする業種別原価計算準則を策定した。実情は、『陸軍要綱』には条数も多く、その後、『海軍準則』は陸軍側に吸収された。ちなみに、原価計算統一化の人脈は戦後も継承され、通産省の産業合理化審議会へとつながった。中心人物は、戦前・戦中からこの課題に取り組んできた中西寅雄（一八九六〜一九七五）であった。

こうしてみると、中小企業診断士制度の系譜は、簿記指導や工場経営指導の流れにつながる。戦前の簿記知識の普及と指導、工業における原価計算指導、技術指導が一本化され、戦後、制度的なかたちをつくったとみてよい。もう一つの系譜は、テイラーの「科学的管理」に触発され、その手法を「能率学」として日本に広めた上野陽一（＊一八八三〜一九五七）たちである。

＊東大で心理学を専攻した上野は、心理学から企業のマネジメント力の向上を促す能率学へと進んだ。戦前は神奈川大学の前身の横濱専門学校で産業能率を論じつつ、個別企業への指導を行っている。大正期には、協調会の産業能率研究所——のちに協調会から分離独立する組織となる——の所長となった。昭和一七［一九四二］年に日本能率学校——のちの産量能率大学——を設立している。

こうした流れが戦後の中小企業診断士制度へと連なった。中小企業診断（＊）は、工業部門の復興が優先され、工場診断から創始された。その後、商店や商店街。関連組合の診断も始まった。簿記指導は青色申告制度による記帳指導のかたちで実施され、三〇業種ごとの「業種別簿記要領」が作成された。その後、産地診断制度も導入された。昭和二八［一九五三］年には「中小企業の計数管理要領」が作成された。いわば、中小企業の経営指標であり、個別中小企業の自分の経営的立ち位置を確認できる指標であった。

＊日本の中小企業政策史における位置づけについては、寺岡前掲書を参照。

中小企業診断員の登録規定は昭和二七［一九五二］年からであり、この年から診断登録が始まった。工藤昭四郎（一八九四〜一九七七）が初代会長となる社団法人中小企業診断協会が設立された。登録制度は、その後、昭和三八［一九六三］年の「中小企業指導法」――「中小企業支援法」――に戻づく制度となった。

まとめておく。日本の中小企業診断士の系譜としては、戦前来のどんぶり勘定であった小売商店等への簿記指導、戦時体制下の軍需生産の技術指導や原価計算を中心とする簿記・会計指導をルーツとして、戦後復興における中小企業への支援政策の一環として形成された。この前史で、日本はドイツから制度を学んだ。ただし、それは個別経営への政府介入であり、通常は、平時においては積極的な意味をもたず、民業圧迫でもあった。日本では、政府の中小企業政策の一端を担う制度として継承された。

そもそも、中小企業の経営診断に公的性格が必要なのだろうか。そうしたコンサルタント業務に、政府の保証＝公的資格認証の必要性があるのだろうか。もし中小企業診断士の資格取得者が開業後に適切な数の依頼者を確保できていないとすれば、本人自身のスキルのレベルにも関係している可能性も高い。

この制度の評価について、川村悟は中小企業診断士の公的資格の意義と課題を問う（＊）。川村は、公から民が主となった同制度が十分に活用されていないと指摘する。川村は、中小企業診断士取得の費用対効果からすれば、費用に対し、報酬というベネフィットがあまりにも少ないと問題視する。だが、公認会計士、税理士、司法書士、行政書士、弁護士、弁理士、医師や薬剤師との比較では、どうだろうか。

＊川村の博士学位請求論文「中小企業支援における公的資格の歴史的研究——中小企業診断士の意義と課題を中心に——」。

たとえば、弁護士の資格取得のコスト・ベネフィットから、弁護士制度所管の法務省のあり方の是非を問うだろうか。世の中は平静であれば、弁護士需要が減少する。弁護士は成長部門であることを、国民が喜ぶのだろうか。司法書士や行政書士もそうである。その不振を規制緩和や規制撤廃に求め、士業振興のために、政府に新しい規制の導入などを求めるだろうか。

先に、中小企業診断士制度のルーツにふれた。それはあくまでも恐慌や戦争という非常時においての措置であった。それが平時に継承された。継承された点は、政府の制度浸透への協力者としての中小企業診断士の存在である。中小企業庁の制度活用に、中小企業診断士が深くかかわっている現状を見れば、つよくそう思われる。

第五章　政治比較論

「ワイマール時代のプロイセンは、すでにいくつかの点で、現代のドイツを先どりしていた。」

（セバスチャン・ハフナー（瀬野文教訳）

『ドイツ現代史の正しい見方』）

ドイツ政治の歩み

自国の歴史を知悉している人など多くない。ましてや外国である。ワシントン大統領を知っていても、当時の有力な米国人政治家を知っているわけでもない。ドイツについても、ヒトラー以前では、ビスマルク、ヒンデンブルクあたりまでは知られている。ビスマルクのプロイセンという国家はどうだろうか。一八七一年に統一されたドイツ帝国の歴史地図では、東プロイセン地方は現在のポーランドにあった。それまで、ドイツの王国は散らばり、とても一つの国家とはいえなかった。プロイセンも飛び地をもつような状態であった。歴史ジャーナリストのセバスチャン・ハフナーは、プロイセンを不思議な構造をもつ「人工国家」——軍事国家——と名付けた。名言である。

なぜ、国家形成が可能であったのか。ハフナーは、それは人種的にも寛容であり、来る人拒まずのプロイセンの「人口政策と入植政策」にあったとする。プロイセンは国家が軍隊を保有した国というよりも、軍隊が保有した国であった。軍事同盟による外交で戦争を回避し、関税同盟で国力を高めた。厄介なのは保守的なユンカー（地主貴族層）との折り合いであった。とはいえ、一八七〇年の普仏戦争で、北のプロイセン軍は南ドイツの軍隊と共同戦線を組み、勝利した。この勝利はドイツナショナリズムを燃え上がらせ、ドイツ統一への起爆剤となった。

バイエルン王は頑なであったが、ビスマルクの手腕で統一が成功した。ビスマルクは北ドイツ連邦を「ドイツ帝国」に名称変更し、プロイセン王を「ドイツ皇帝」と名乗らせた。ドイツ皇帝の即位式は、ヴェルサイユ宮殿の鏡の間で行われた。ビスマルクの手練手管でつくられたドイツ帝国は、その後半世紀以上も国家形態として存続した。それはヴェルサイユ宮殿で生まれ、ヴェルサイユ宮殿で滅んだドイツ帝国の皮肉な出発点と終着点であった。

その後、ドイツの国家変遷はワイマール共和国へ、さらにナチスの第三帝国へと移った。ワイマール共和国が、なぜ、扇動家のアドルフ・ヒトラーの手玉に取られたのか。第一次大戦後のドイツは、ハイパーインフレーション下の経済に苦しみ抜いた。原因は、過大な賠償金支払い、戦時国債の償還であった。当時、ヒトラーのミュンヘン一揆だけでなく、ドイツ各地で一揆が起こった。政情安定には、インフレの終息と経済再建が焦眉の急であった。

ルール地方のフランスへの割譲がなく、賠償金でのフランスの譲歩があれば、両国に良好な関係が形成された可能性がある。フランスにそれを許容する余裕はなかった。グスタフ・シュトレーゼマン（一八七八～一九二九）首相は、ホレス・シャハト（一八七七～一九七〇）とともにレンテンマルクを導入した。このデノミネーション策によってインフレを抑え込んだ。また、強硬であったフランスとの関係修復を通じて、賠償問題の道筋をつけた。彼の過労死がなければ、ドイツの運命は異なったかもしれない。

当時のドイツ政治をヤジロベーにたとえれば、一方に旧中間層のユンカー、帝政派や軍人、他方に共和主義者や自由主義者、共産主義信奉者などがいた。そうした政治安定は中産階級層の形成とその動向に依存していた。ヤジロベーの支点たるべき中間層の疲弊が大きかった。政治の混乱が続いた。ワイマール共和国の末期、高齢のヒンデンブルク大統領の後継者争いが激化した。首相となったハインリッヒ・ブリューニング（一八八五～一九七〇）は、国会を解散した。この出直し選挙でヒトラーが政治の表舞台へと登場した。

選挙でナチ党（国民社会主義労働者党）は一〇〇以上の議席を手にして、社会民主党に次いで第二党の地位を確保した。これがドイツ政治の転換点となった。

ナチ党の躍進の背景は、ドイツ政治の膿が一挙に表出したような状況であった。国民は、ソ連に近い共産党の躍進に不安を覚え、ナチ党への投票を後押した。イデオロギーに凝り固まった共産党は、国民的感情を直視できなかった。結果、国民は、どちらの政党がよりダメージが少ないかの選択をした。ヒトラーの政党は大躍進となった。ヒトラーの政治的野望は、国会機能の「合法的」な停止と独裁権の確立であった。このヒトラーの人物像の著作は、現在も刊行され続ける。

前述のハフナーは、ヒトラーを「ドイツ革命の申し子」とみる。第一次大戦敗戦後でなければ、ヒトラーが政治家になるチャンスもなかったことは確かだ。この時期、ドイツ人の生活の改善を訴える社会主義、他方でドイツのナショナリズムへの強い思いが錯綜した。当時のドイツには自らの地域や職場、社会的序列感を破壊したい小ヒトラーもまた多く生まれた。ドイツ帝国以来の身分制や社会的序列とはかけ離れた人物の登場を痛快とした人たちも一定数いた。このような人物たちとヒトラーは、共鳴音をかき鳴らしながら、ドイツ社会を破壊していく。

ドイツ社会の破壊のまえに、経済を立て直したことがヒトラーの破壊願望を覆い隠していた。ヒトラーが首相となった時期には、街には失業者があふれ、その数は優に六百万人をこえた。実際の立役者は、国立銀行総裁や経済相であったヒャルマル・シャハト（一八七七〜一九七〇）であった。ヒトラーには適材適所の才があった。ヒトラー自身の経済観はよくわからないが、国外の影響を遮断したアウタルキー政策と積極的な公共事業や軍備拡張——が景気刺激策となった。一九三八年までのヒトラーの業績は、第一次大戦後の混乱を終息させた人物として記憶にとどめておいてよい。

徒手空拳のヒトラーには、資金提供者がいた。一つのグループは、ナチ党に資金を提供した企業家たちであった。財界人との資金パイプなしには、ナチ党や親衛隊などの維持は不可能であった。ナチ党経済顧問などであったヴィルヘルム・ケプラー（一八八二～一九六〇）は、資金ルート開拓者の人物の一人であった。このルートで、ＩＧファルベンなどから資金提供を引き出した。米国の大手通信社のＩＴＴ社の創業社長とも密接な関係が構築された。

とりわけ、米国企業との関係が重要であった。軍需生産拡大の隘路は、石油などのエネルギー資源のほかに、英米企業の国際カルテル下の戦略物資のマグネシウムやニッケルなどの入手であった。ドイツ化学工業を代表したＩＧファルベンは、米国企業と国際特許等を共有して、天然ゴムに代わる合成ゴム、毒ガス原料、火薬原料等々の化学薬品を生産した。米国スタンダート石油などの関係会社との関係維持がなければ、戦略物資の生産と供給は不可能であった。航空燃料に必要な添加剤テトラエチル鉛は、スタンダート石油とゼネラルモーターズの共同出資会社の製品であり、ＩＧファルベンは米国側の協力の下で、テトラエチル鉛を国内生産した。

第一次大戦後の復興資金の確保も、米国の金融業界の支援なしには不可能であった。米国資金はドイツへ流れた。米国側でもドイツの経済的復興と成長が欧州での共産主義の広がりを防ぎ、米国側への波及の壁になる見通しもあった。ナチス側の宣伝活動も国内にとどまらず、米国内での親ドイツ派層の育成に躍起となった。他方、米国の参戦なしには戦争継続が困難となっていた英国側も、ハリウッド映画界を巻き込む宣伝合戦を展開した。

首相就任後、ヒトラーは、ヴェルサイユ条約の破棄と徴兵制の復活、ドイツ軍のラインラント進駐、一九三八年春にオーストリア併合、秋口にズデーデン地方を併合した。軍事衝突を避けたい英仏は、ドイツの軍事行動を容認した。フランスはラインラントからも軍事撤退した。これはドイツの軍事的冒険の誘惑となった。ドイツ軍のラインラント進駐は見過ごされた。ヒトラーは一貫して強気であった。

ヒトラーのドイツ

ヒトラーの出自は不明の部分が多い。父の出自も定かではない。母親の姓はヒトラーではなく、シックルグルーバーで、父とされた人物の姓はヒードーラであった。父の死後、母方姓からヒードーラ姓へと変更され、ヒトラーと綴ったようだ。ヒトラーの祖父はユダヤ系でもあったと指摘する研究者もいる。ヒトラーは、レアルシューレ――実科学校あるいは職業学校――へ進学した。ヒトラーは父を一三歳で、母を一八歳の時に失った。美術学校を二回受験したものの、不合格でその後七年近くをニート生活者であった。一九一三年にミュンヘンへ移るまで、絵葉書の絵を描いて糊口を凌いだ。

その後、ドイツで軍隊に入隊している。ヒトラー自身は従軍兵士の経歴を自己宣伝材料として使った。その断片はヒトラーの自伝『わが闘争』に描かれる。内容は、ヒトラーが話を盛った以上に、ルドルフ・ヘス（一八九四～一九八七）がさらに盛ったことも判明している。真実である部分のほうが少ないともいわれる。ヒトラーは、大言壮語を吐き、それを演じ切る役者であった。演説前にも入念な自己リハーサルを何度もやっていた。

ヒトラーの人物像を示していけば、なぜ、この人物がドイツの指導者に駆け上ったのかという疑問がわく。世界大恐慌の下で社会の分断が急速に進展した。社会の分断（＊）の中心点に、ヒトラーが据わることでバランスがとられた。

＊分断は政治にとどまらず、宗教――カトリック系とプロテスタント系――、学問――マルクス主義等々――、階級――経営者と労働者階級――、職業――被雇用者・公務員と自営業者、大企業と中小企業等々――、地域――富裕地区と貧困地区――においても、様々な対立軸の間で急展開していった。とりわけ、ナチ党がこの分断において両端、たとえば、カトリック系の支持政党と社会民主党から抜け落ちた中間階層やプロテスタント層を取り込んだことは、いままでも指摘されてきたことではある。ここで安易な比較をしたくなる。多少その誘惑を慎んでも、米国社会の分断化の下に、トランプ政権が誕生したことは当時のドイツなどの状況を想像したくなるものだ。

アデナウアーの実

ともすれば、ヒトラーのナチ党の暴力集団的行動が取り上げられる。だが、社会民主党、共産党、ドイツ国民党もまた武装集団をもち、互いに対立した。ナチ党以外にも、他政党も同種のシャツを着て示威行動を行った。この暴力の時代は戦争の時代を呼び寄せた。ドイツは敗戦した。ドイツの戦後は、ヒトラーとは別の君主的威厳と姿勢をもったアデナウアー（＊）の時代から開始される。

＊ヒトラーはオーストリアの下級税関官吏の息子として、アデナウアーは、ケルンの控訴審裁判所書記の息子として生を受けた。ミュンヘン大学などで学んだ。二一歳で公務員試験（第一次）に合格し、司法官試補見習いとなり、四年後に第二次試験に合格、ケルン検察庁の司法官試補に就いている。三〇歳半ばでケルン市の副市長となり、後に市長となっている。

アデナウアーは、戦前、ヒトラーにより市長を罷免・追放（＊）された。それが戦後の復活につながった。西ドイツ初代首相に一九四九年秋に就任した。すでに七三歳であった。一九四八年には、東西冷戦が徐々に形成されはじめていた。同年六月、ソ連と西側陣営との対立は決定的となり、ベルリン封鎖が行われた。

＊追放令が解除されたのは一九三六年夏であった。とばっちりということでは、一九四四年夏のヒトラー暗殺未遂の共謀容疑でアデナウアーのルーンドルフの自宅が家宅捜索され、逮捕され、二か月間、刑務所に収監された。

アデナウアーの名前が歴史に刻まれたのは、フランスとの関係修復の「アデナウアーの外交」である。経済復興も、フランスとの関係修復なくして困難であった。ルール地域の石炭鉄鋼産業のドイツにも有利な国際管理の策定でも、アデナウアーは老練な手腕を発揮した。北大西洋条約機構（ＮＡＴＯ）への加盟も、アデナウアーは乗り切った。西ドイツは一九五一年三月に外交権も回復し、米国との密接な関係を構築しつつ、戦後経済が復興されていった。

この老練政治家は、ワイマール共和国の終盤期の首相になれたかもしれない。その後も、ヒトラー政権の下で要職に就く可能性もあった。だが、ヒトラーへの協力を拒否したことで、政治の表舞台から遠ざかった。皮肉なことに、それゆえに戦後政治の表舞台へ登場できたのである。

日本のドイツ理想論

日本のドイツ理想論に戻っておこう。ドイツは近代化モデル国として「憧れの国」であった。ドイツが、度重なる敗戦から復興し、世界有数の工業国となったからである。戦前の商工省官僚たちは、ドイツの「合理化運動」に着目した。米国の企業家たちもドイツの合理化運動に学ぼうとした。合理性に富むドイツ人のイメージは、米国でも強かった。なぜ、合理性を尊ぶドイツ人が第一次大戦を引き起こしたのか。どれほどの日本人がこの理由を問い、ドイツを冷静にとらえようとしたのか。

ドイツ史に通じた阿部謹也（一九三五～二〇〇六）は、『日本人の歴史意識――「世間」という視覚から――』で、ドイツを強く意識して、なぜ、日本も米国相手に開戦したのかを問うた。阿部は、根源に日本人の「世間」意識の危うさを見出し、「歴史意識の欠如」を指摘した。阿部は、現在もその傾向にあると警鐘を鳴らした。日本が勝てない戦争を始めたのは、自分たちの世間だけで考えた結果ではなかったとみた。阿部は、「歴史は『世間』と闘う者にその姿を現わす」と説く。

阿部が「世間」と「歴史」の関係に気づいたのは、ドイツ留学時であった。だが、ドイツもまた日本と同様に、ドイツだけの世間に生きていたのではないか。「世間」とは、日本とドイツでどのように異なるのか。

この問題を考える一つの素材として、戦前は政治評論家として活躍し、敗戦の少し前に亡くなった清沢烈（一八九〇～一九四五）の『暗黒日記』――原題『戦争日記』――がある。清沢は、長野県の現安曇野市の農家の三男に生まれた。一七歳で渡米、働きながら大学で学んだ。卒業後、米国の日本語新聞の記者となる。二八歳のころに帰国する。帰国後は英語を生かして貿易会社などで働いた後、中外商業新報の外報部長となった。その後、昭和二［一九二七］年に朝日新聞（東京）へ移った。

清沢は、米国で苦学生であった松岡洋介（一八八〇～一九四六）とも重なる。だが、清沢は松岡とは異なり、大国＝強国の米国とは協調路線、日本政府へは小国主義を求めた。満州関係でも、先にみた石橋湛山と同様に自戒を求める立場をとった。清沢は、石橋の「東洋経済誌」の編集顧問となった。清沢は、東洋経済新報社から太平洋戦争勃発の半年ほどまえに『外交史』を出版し、外交評論家として世に出た。

満州建国の立役者の一人の甘粕正彦（一八九一～一九四五）と関東大震災時の大杉虐殺事件の関係の著作を発表したことから、清沢は右翼の攻撃を受ける羽目になった。知米派の暗黒時代であった。清沢は朝日新聞を追われ、フリーランスとなる。清沢は欧米取材へ旅立ち、昭和四［一九二九］年の大恐慌をニューヨークで経験する。清沢は現場主義であり、満州や中国、朝鮮を取材した上で記事を書いた。ニューヨークの株価暴落の翌年、清沢はロンドンの海軍軍縮会議の取材をしている。清沢はイタリアのムッソリーニにも会っている。昭和六［一九三一］年の満州事変、翌年の上海事変を日本の外にあってこのニュースに接し、欧米諸国の反応を肌で感じたに違いない。昭和七［一九三二］年に帰国した清沢は、松岡の外交姿勢や世界情勢認識へも苦言を呈した。昭和一二［一九三七］年に、清沢は再び、ロンドンで開催された国際ペン・クラブ会議に、日本代表で出席した。このときに、駐英大使の吉田茂（一八七八〜一九六三）の知己を得た。以後、清沢は一貫して対米協調路線を説く。

太平洋戦争の勃発後、清沢の言論活動は制約を受けた。米国との経済力の圧倒的格差を生活実感として知る清沢は、直感的に、日本の敗戦を予感した、清沢は、戦争を「煽った」政治家や言論人の言動を記録し始める。敗戦後に、戦争原因と戦争責任を明らかにするためである。これが「暗黒日記」の始まりであった。

清沢は、海外報道を短波放送で聞いていた。必然、戦況は大本営情報と大きく異なった。日本が敗戦への道を歩んでいることを正確に知っていた。敗戦目前の昭和二〇［一九四五］年五月二一日に、急性肺炎で急逝した。五五歳であった。まとまった著作は残されず、『暗黒日記』だけが遺された。

『暗黒日記』は、昭和一七［一九四二］年一二月九日から始まる。「近頃のことを書残したい気持ちから、また日記を書く」とある。続いて「昨日は大東亜戦争記念日（大詔奉戴日）だった。ラジオは朝の賀屋大蔵大臣の放送に始まって、まるで感情的叫喚であった。夕方は僕は聞かなかったが、米国は鬼畜で英国は悪魔でといった放送で、家人でさえラジオを切ったそうだ。かくて感情に訴えなければ戦争は完遂できぬか。奥村情報局次長が先頃、米英に敵愾心を持てと次官会議で提議した。その表れだ。……英米は自由主義で、個人主義で起てないはずだった。いま、我指導者たちは英米の決意を語っている」とある。

日本の戦争遂行体制について、「大東亜戦争一周年において誰もいったことは、国民の戦争意識昂揚が足りぬということだった。……これ以上、どうして戦争意識昂揚が可能か。……総て役人本意だ。役人のために政治が行われている。……戦争を勃発させるに最も力のあった徳富猪一郎（蘇峰）は、戦争一周年に『日本に日本精神あれば、英米に英米魂あり』といっている。……政党の弊害、役人の弊害、結局教育だ。東条首相は朝から晩まで演説、……非常に評判がいい。総理大臣の最高任務として、そういうことを国民が要求している証拠だ」と記された。

以後、日記はときに数行となった。政府関係や言論人の世界情勢の分析能力の低さが指摘された。淡々とした記述も増えた。政府の方針発表、食糧事情などである。それまでの英語表記が非常的な日本語へと転換された事例も紹介された。昭和一八〔一九四三〕年二月二一日――「何故に高い理想のために戦うことができないのか、世界民族に訴えて、その理性をとらうる如き」、実際には「大東亜戦争は浪花節文化の仇討ち思想である」と記された。ゴルフの記述もある。当時、ゴルフ人口も少なかったなかで、まだ、ゴルフをやれる環境にあったようだ。

清沢日記には、政治家や官僚の辛辣な人物評も記された。敗戦後ミズーリ号で降伏文書に、日本国全権として署名した外務官僚の重光葵（一八八七～一九五七）について、同年四月二一日には「重光は大のオポーチュニストにて、今までとても軍部の色を見てはロンドンとモスクワから報告を書いていた。出世主義の雄なるもの」とある。頻度では、東条英機（一八八四～一九四八）がダントツである。人間的な性格に欠点ありとみた。小さなことばかりにこだわる些末主義、形式主義、懐古主義の人物評であった。ラジオの偏向的な報道、「低級にして愚劣な」内容に苛立っていた様子も伝わってくる。また、政府に批判的な言論人たちの生活の困窮ぶりも紹介される。

日本人の外交感覚についても、「日本人は神経質に過ぎる。国際感覚は、早急に右に、左に移り変わるものではない」と。軍人や外交官などに向けられた批判だ。「敵国は日本事情に通じる者を、それぞれに重要視している。……日本はそうした者を遠ざける」（昭和一八［一九四三］年五月二日）。軍人の現状認識への強い批判は、たとえば、「山本神社が長岡に建つ由」で始まる五月二三日の日記に、『読売新聞』に掲載された中井良太郎（一八八七～一九五三）陸軍中将――当時はすでに予備役――の「軍令は国民に通ぜぬというような自由主義的な憲法論を排し、この軍令の中から、総力戦下国民を指導せよ」の談話に対して、清沢は「現在ほど軍隊的式をしている時代はない。それでなおいけないというならば、その内在的本質に弱点があるのではないか――しかしこの人には絶対にさような反省はない。我らの知った人で、頭のいい米国通が政府の顧問役をつとめたものはない。いずれも先に結論を有している人である。それでは情勢の正しい見通しは出来ない。その選択が大東亜戦争最大の弱点だ」と記した。これはいまも日本政治の現状に通じる。

昭和一八［一九四三］年でも、清沢の世界情勢、米国での日系人抑留者数の把握など正確だ。日本の新聞等にも関連情報がまだ提供されていたからだろうか。アッツ島やキスカ島の状況も紹介される。清沢は「軍隊の勇壮無比なることが、世界に冠絶していればいるほど、その全滅は作戦上の失敗になるのではないか。作戦に対する批判が全くないことが、その反省が皆無になり、したがってあらゆる失敗が行われるわけではないか」と記した。

議会人に対しても、「自己欺瞞のみ」、そのような議員を選んだ国民について、「かかる自己満足で満足しうるとは。信ぜんと欲することは信じ得る国民だ」（六月一八日）。翌月の日記には、「現在、世の中に幅をきかしている者は馬鹿か便乗主義者である。野口米次郎、徳富蘇峰、久米正雄その他がある。鶴見祐輔、永井柳太郎の如きもその一人であろう。出世主義者の世の中だ」とある。知米派の野口や鶴見とも異なり、清沢は事実を凝視するリアリストであった。ブレない。徳富蘇峰（一八六三〜一九五七）などは、戦後、戦中の言説を全く忘却したかのごとく生き抜いた。

清沢日記には戦争を煽る言論人として、徳富蘇峰がたびたび登場する。徳富は山本五十六の戦死後の講演について、「このところ、徳富時代である。この虚学阿世の徒！この人が日本を謬ったこと最も大なり」（六月三日）と記された。「虚学阿世」の徒とは、真理を追究する学問ではなく、偽りの学問の装いで世間＝時代の空気に気に入られるような言動をする人物のことである。

当時の世相について、清沢は「不思議なのは『空気』であり、『勢い』である。米国にもそうした『勢い』があるが、日本のものは特に統一である。この勢が危険である。あらゆる誤謬が危険である。あらゆる誤謬がこのために侵されるおそれがある」（＊）と紹介している（六月二七日）。

＊山本七平の『空気の研究』にも通ずる。

言論統制について、同日の日記に「内務省や、情報局はむしろ好意を有しているが、陸軍報道部一つの所存であるそうだ。少佐とか中佐かが、言論の自由、文筆人の生活を左右できるのだ」と記された。

清沢日記で重要なのは、日本の事を紹介しつつ、世界がこれをどうみるのかという視点がいつも登場することである。外交評論家としての清沢の力量である。昭和一八［一九四三］年七月七日の日記に、H・G・ウェルズ（一八六六〜一九四六＊）の著作を読んだ感想が記された。

「ウェルズは満州事変を出発点として支那と全面的な戦争になる。日本は支那に三度勝ってナポレオンの如く敗れる。それから日本は一九四〇年に米国と戦争をすることになる。東京、大阪は『危険思想家』の手に帰する。『日本の終りは始まる』、日本は亡国となる筋書きだ。ウェルズの予言は、実によく当る。日米戦争の勃発も一ヶ年の相違である。『将来の歴史家は日本が正気であったかどうかを疑うだろう』とも言っている。面白い書だ。（*Books on the Far East*, 1934）」。

＊ウェルズは英国ケント州の商人の家に生まれた。豊かではない家庭であった。小さい頃から、いろいろな

職業を経験したようである。奨学金で理科教師養成の学校で学び、生物学で進化論を学んだことは、彼の思想背景をつくっただろう。理科教師になれず、文筆活動へと進んだ。物書きとして雑誌に投稿し、やがて科学小説を書き始めた。原子爆弾の登場も早くから予想した。関心を寄せたのは未来社会予測である。ジョージ・バーナード・ショー（一八五六～一九五〇）の紹介で、英国の社会主義団体フェビアン協会に参加している。第一次世界大戦の悲惨な状況は、ウェルズに戦争根絶の必要性と新たな世界秩序の緒を描かせた。

清沢日記には、日本の教育制度への批判が多く登場する。敗戦の一年ほどまでの日記（三月一六日）にも、「この戦争において現れた最も大きな事実は、日本の教育の欠陥だ。信じ得ざるまでの観念主義、形式主義である」と記された。清沢の怒りは、教育にくわえて、戦争の行方ではなく、時勢におもね、自らの「出世」だけしか考えない政治家、軍人、官僚、そしてとりわけ言論人にも向けられた。

新聞など言論についても、「日本人の打つ電報や新聞を見ると、米国でローゼヴェルトが戦争に不勢なので人気を落し、それを獲得するためにあせっているように書いている。米国心理を知らぬ証左。……大正末から昭和初めは総ての混乱─崩壊期であった。権力の喪失───政党の泥仕合───一方において支那の覚醒」（七月一二日）と記した。翌日の日記にも、清沢の怒りは収まらない。「物を知らぬものが、物を知っている者を嘲笑、軽視するところに必ず誤算が起る。大東亜戦争前に、その辺の専門家は相談されなかったのみではなく、一切口を閉じしめられた」と。

このころから、東京空襲に備え、防空訓練も行われるようになった。訓練のあとに、つぎのような日独比較の記述もある。「日本人の美徳はあきらめにあり。しかし積極的建設はとうてい不可能である。馬鹿な国民にあらざるも、偉大な国民にあらず。ドイツ人が同じ事を繰返す如く、日本人も必ず今後同じことを繰返さん」（七月二五日）。同月二七日に、「ムッソリーニついに辞す。イタリー脱落」と記された。同三一日には、「日本ならばムッソリーニは切腹したところ。イタリー人は如何。もっともベルリンにおった伊大使など行衛不明なところを見ると、イタリー内ではよほどの暴動、ファシスト弾圧があったものらしい。毎朝のラジオを聞いて常に思う。世界の大国において、かくの如く貧弱にして無学なる指導者を有した国が類例ありや。国際政治の重要なる時代にあって国際政治を知らず、全く世界の情勢を知らざる者によって導かるる危険さ」と記された。

八月一日には、中央公論の嶋中鵬二（一九二三〜九七）から「日記をつける」ことが危険なことを告げられ、清沢も「予もこの日記をつけながら、そうした危惧を感ぜざるにあらず」と記した。同月一七日には、「今回の戦争の後に、予は日本に資本主義が興ると信ず。総てを消費しつくしたる後なれば、急速に物資を増加する必要あり、しかも国家がこれをなすのには資金なく、また官僚を以ては、その事の不可能なことは試験ずみである。そこで個人をして興業をなさしむるべき努力するであろう」とある。

八月二六日には、ローズヴェルト大統領とチャーチル首相のケベック会談が紹介された。「これによって米英の反攻作戦が熾烈になってくることが明瞭だ」と正確に分析した。翌日には、「満州事変以来の日本には二つの不幸があった。第一は軍人を抑える政治家がなかったことだ。第二に軍部を抑え得る軍人がなかったことだ。その事が動物的衝動に押されて戦争に盛ってきてしまったのだ」とある。九月五日には、「国際関係が一番大切な時に、新聞雑誌には国際関係の記事がほとんどない。精神的説教がまだ幅を利かしている」と記された。

昭和一八〔一九四三〕年末になると、清沢の日本の戦時体制への苛立ちが目立つ。近衛評も「聡明だが勇気と迫力なく、他の軍人も駄目だ」と手厳しい（九月二六日）。商工省と企画院の廃止と軍需省の設立についても、東条など軍部の硬直した組織観への批判が記される。盗難も多くなったようだ。清沢の日記には、明治天皇への畏敬の記述も多い。これは昭和天皇への評価の裏返しであるかもしれない。警察等の日記押収のリスク回避からか、そのような記述はあくまでも遠回しの表現である。

米国の国務次官人事の報道について、「日本の新聞はマルクス主義の影響から抜けず、……直ちに、かれがモルガン財閥の一人だといった批判をする（『中部日本新聞』）ベルリン電報でもさように唯物的ではない」とされた（一〇月一日）。

東条内閣二周年については、「この内閣に対する批判は、後の歴史家がなそう。しかし、これくらい知識と見識に欠けた内閣は世界において類例がなかろう」と評価した（一〇月一七日）。一〇月一九日の日記にも、徳富蘇峰たちが登場する。

「『毎日新聞』に、徳富蘇峰と本多熊太郎〔元駐華、独大使〕の対談会載る。開戦の責任は何人よりもこの二人である。文筆界に徳富、外交界に本多、軍界に末次信正、政界に中野正剛——これが四天王だ。徳富も本多も客観性無視。ローゼヴェルトがアルゼンチンのユダヤ人弾圧を攻撃している。米国が人種問題を云々する資格あるか。

徳富は東条に例によって太鼓持ちぶりを発揮している。この連中が第一線に出るべきだ。統制経済や社会主義は公徳心の完成を前提にす。水道などが潰れても職工は決して修繕せず。」

日本のドイツ贔屓

本多熊太郎（一八七四～一九四八）は、職業外交官であった。戦後A級戦犯——病没——となる。中央大学在学中に外務省留学生試験に合格し、翌年の専門職試験をへて入省、北京、スイス、ドイツに駐在した。松岡洋右外相時代に在南京大使となる。この日記の日付の翌年、東条内閣の外交顧問となった。

海軍軍人の末次信正（一八八〇～一九四四）は、第一次近衛内閣の内務大臣であった。連合艦隊司令長官など海軍の要職を経験した。政治好きの好戦派軍人であった。

中野正剛（一八八六～一九四三）は、早稲田出身で新聞記者をへて、大正九［一九二〇］年に衆議院議員となる。ドイツのナチス思想に傾倒し、東条批判を強め、昭和八［一九四三］年一〇月二六日に逮捕され、その後割腹自殺した。この日記から一週間後のことになる。清沢の日記（一〇月二七日）には、「午後の夕刊にて中野正剛の自殺を知る。……僕はかれを憎んだ。かれの思想が戦争を起したのである。

だがかれの自殺を見て、僕はその罪を許してやる気持になった。……かれは生一本であった。かれは開戦すれば、米国は直ちに屈服すると公言していた……ムソリーニ、ヒトラーを夢みたかれが、事志と違い、そのため失望したからか、とにかく、典型的日本志士である一事は認めざるを得ぬ」とある。

英米と日本の比較論もよく登場する。清沢は「日本は何を目がけて大きくなったろう？」と一〇月二一日の日記で自問した。彼の自答は「戦争そのものだというのは明らかに嘘だ。戦争をやると何かが達成すると考えるから戦うのだ。征服欲だというのも不完全だ。征服して何を求めるのか。やはり、日本的なものを世界に布こうという考えと、それからそれにより自己が利益しようとの二つだろう。日本人は干渉好きだ。しかし何か行動によってこれをなすことはしない。……英米人は干渉嫌いだ。しかしそれは思想に対してであって、他が困っている場合にこれは助ける。……それは習慣と傾向の相違といってていいであろう」と記された。戦局の悪化によって、国民の消費生活が悪化した様子もわかる。物資不足の下、盗みも増え、国民の道徳観の低落に、清沢もため息をつく。

一一月一八日の日記に、清沢は『秋田魁』に呼ばれたようで——講演会かどうか不明——、この新聞社からの情報であろうか。東京朝日新聞や報知新聞の記者として好戦的な記事を多く書いた武藤貞一（一八九二～一九八三）について、「武藤貞一がきて、独ソは握手する。ソ英の間は衝突する。日本は大勝利す。そうした楽観論を振りまいて行ったそうだ。この連中の愚及ぶべからず。気狂いがリードしている形だ」と記された。

戦争賛成の知識人の講演会とは異なり、清沢の講演会には監視がついた。新潟県での話である。「二人の私服巡査が一人は速記、一人は監督……こんな小学生徒みたいな男が監督するのだから、ろくな政治や言論ができるはずなし。官僚政治の打破が必要だが、さて国民が自己をガバーンできるかどうか」(一一月一九日)とある。翌日の日記には、戦後の様子を予想するかのように、「婦人の労働者、男子に代る。日本婦人への革命だ。今までのように奴隷的ではおれなくなる。必然にその位置も向上し、その知識もよくなろう」とある。

清沢は富士アイスという会社の役員をしていたのか、この会社への言及もある。一二月二日の日記には、重役賞与や配当金では、物価が高くなり、「僕の如き裕福の部に入るべきものにして」生活が困難となったとある。古本屋の本も高くなった記載もある。物価高の生活困窮の下、こそ泥の増加や些細なことからの殺人事件なども紹介された。

当時の新聞記事の紹介と清沢の論評もある。一二月三〇日には、『毎日新聞』の朝刊記事のユダヤ人勢力の拡大＝「赤化する北阿(北アフリカ)」について、「資本主義と共産主義はユダヤ人活動の両翼をなすものである！これが『毎日新聞』――日本二大新聞の一つの社説である。日本人のメンタリチーの低劣を示す」と憤慨した。

昭和一九［一九四四］年元旦の日記には、「どこの家でも朝飯の食前に向かっていう事は『来年も果たしてこうして食えるかどうか』ということだ。寒い。火の気が少しもないのである」で始まる。一月八日に「満州事変以来、外交は全く軍部に移った」、一月一〇日には「自由学園の生徒に資本主義の是非、という問題を出したら、ほとんど全部悪いといったそうだ。それが戦争を起したというのだ。暸（長男）は資本主義はいいという。米英を富ましたのはそれだからだという。この大戦の結果、資本主義の変形はやむを得ない」とされた。

一月二〇日には、戦後は駐米大使となった、戦前ドイツ心酔派の牛場信彦が登場する。「外政協会で牛場（信彦）書記官のドイツの話しを聞く。ドイツが総て有利のような話である。……ドイツから来るものが、いずれもドイツを楽観するのをみると内部はいいのだろう」とある。翌日には、ユダヤ研究家のユダヤ人謀略説が紹介される。「これが『昭和日本』の知識標準だ」とした。

この後、さらに食糧事情は悪化する。日記にも、知人が娘に弁当をもたせると、女中が途中で盗み食いするとか。娘が通う青山女学院でも、ストーブで温めている弁当が盗まれることから、弁当持参の中止が記された。三月の日記には、ドイツ軍の苦戦報道が紹介された。三月に入って、「戦争の責任者は誰なのだ。……徳富蘇峰」への批判がさらに強まった。三月一〇日に、「大東亜戦争勃発の責任者が少しも責任を感ぜずに『運命論』と『先見』を以て誇っているのが、この議論でも分るであろう。予は将来、こうした無責任なる論者を指揮すべき責任を持つ」と記された。

四月五日には、ドイツの戦況が批判的に紹介された。「ドイツのゲッペルス宣伝相は、東部戦線は第二義的な重要性を有していないと発表した。東部戦線がグッと後方にあったときに、勝敗を決する重要戦線であったものが、今、ソ連軍がルーマニアに侵入し、ドイツ軍がハンガリアに行ってバルカンに戦局が及んでいる時、第二義的意義しかないというのに、ドイツの論法も『日本的』である」と記された。インパール作戦の記述は四月七日に登場した。

四月一日には、「日本はいよいよ国内的に行きづまって来た。……石橋君（石橋湛山）曰く、東条首相ほど、飽かれながら、その職に居る総理大臣が今まであったろうかと」とある。四月一五日には「今、悲観論をやっている連中が、真珠湾攻撃当時は、あの一撃で米国が屈すると考えていた連中だ」と、清沢は憤りを記した。

言論統制は、『東洋経済』に及んでいたこともわかる。新聞には「疎開記事」が増えたようだ。四月二七日には、食糧難の下、清沢も畑仕事をしていたことがわかる。その後に、米国のハルの四月九日演説と英国のチャーチルの三月二六日の演説に言及した。「ハルが四月九日に演説したものの中に、日本が『盗んだ領土の取りもどし、再び隣国を攻撃し得ぬようにする事、支那の領土を返し、朝鮮に独立を与える』と言っている。チャーチルが三月二六日になした演説の中には『下等な奇襲のために米国の隠れた力を発揮させた日本の指導階級は何と馬鹿者だろう』と言っている。また一ヶ年以前に予算（予想？）したよりも早くすむだろうといい、戦後の受託問題を約束している。彼は戦勝のつもりですでに戦後問題に乗り出したのだ。」

清沢自身も、日記没収の場合を予想して、彼自身の考えを記してはない。翌日には、「どこへ行っても官吏は、食物には事欠かず、そうした機関に割込むことができる。ある人曰く、ちょうどロシアが崩れ落ちる以前が、こうしたモラールだったと」と記す一方で、同じ官吏＝軍人の「玉砕」に言及して、「僕はかつて玉砕主義を最初に反省し、変更する者は軍人だった。彼ら自身が最も被害者であるからだ」と記した。

四月三〇日には、清沢は、「来るべき」のような表現に、日本の敗戦をすでに明確に自覚していたことがわかる。同時に、憤りも伝わってくる。日本政治や日本の諸組織への批判が続く。清沢は、その根本に教育のあり方を据えた。

「日本はこの興亡の大戦争を始むるのに幾人が知り、指導し、考え、交渉に当ったのだろう。おそらく数十人を出てまい。秘密主義、官僚主義、指導者原理というようなものがいかに危険であるかがこれでもわかる。

来るべき組織においては言論の自由は絶対に確保しなければならぬ。また議員選挙の無干渉も主義として明定しなくてはならぬ。官吏はその責任を民衆に負うのではなくては行政は改善出来ぬ。

ロンドンの『エコノミスト』はチャーチルが国民に計らずして、大西洋憲章、ソ連との約束、その他をなしたことを責め、条約の遂行は結局国民の協力によるのであるから、国民に計らずしてそれは持ちこたえられぬと論じた旨『日本タイムス』に見ゆ。我国における弱みは、将来、この戦争が国民の明白な協力を得ずして、始められたという点に現われよう。もっともこの国民は、事実戦争を欲したのであるが。

この時代の特徴は精神主義の魔力だ。米国の物質力について知らぬ者はなかった。しかしこの国は『自由主義』『個人主義』で直ちに内部から崩壊すべく、その反対に日本は日本精神があって、数字では現わし得ない奇跡をなし得ると考えた。それが戦争の大きな動機だ。」

五月一日、「日本の指導者」について「『学問』などというものの価値を全く解しない。無学の指導者と、局部しか見えない官僚とのコンビからなにが生まれる！」。さらに、「『国民のために政治を行う』という考え方にならなければ行政はよくならない。しかしそれは封建主義的な日本人には極めてむつかしいことだ。現在のインスチチューションと教育にまで遡らくてはならぬ。明治の功臣たちが何故に欧化したか。……明治の功臣は、大東亜戦争の指導者たちと異って、考え方に屈伸性があったのだ。日本を偉大にするためには常に優れたるものに従ったのだ」とある。

五月一四日、敗戦後の体制に思いは飛ぶ。「官僚は生産意識がない。……そこで戦後は、（一）官僚が生産的になるか——。（二）競争主義の復帰か——、の二つ以外にない。そしておそらく後者の道をとるだろう」と。五月二八日の日記には、下関への車内で、持っていた本の題名「世界転換史」について、職務質問を受けたことが紹介される。

六月三〇日、「サイパン放棄（陥落）」の紹介。七月四日、空襲が予想された。その場合、「世は収拾すべからざる混乱に陥るであろう」としたうえで、「革命は最早必至である。時期はそんなに遠くあるまい。敗戦の後、秩序の破壊は必ず到来し、その後に来るものは暴動、革命、暗殺である。敵と条約を結ぶ者が何人であるか知らぬが、かれも暗殺の手に仆れるであろう。その後に来るものが、しかし『新しい日本』『希望ある日本』だとは何者も断言できぬ」とした。

続いて、清沢は政治学者の蝋山正道（一八九五～一九八〇）とのやりとりを記した。「新たに作られるであろう日本憲法に二つの明文を挿入……」として、言論の自由と暗殺への懲罰主義を揚げた。七月九日、「この日記帳は軽井沢に置いて帰る。実は、いつこれを見られるかも知らぬ懸念があって、日記帳にすら、遠慮とカモフラージュせねばならなかった」。七月一一日、『中央公論』と『改造』の廃業（廃刊）が記された。七月一七日、日清、日露戦争のときには、明治天皇を中心に伊藤や山県などの元老などの助言者がいたが、現在の戦争遂行は「若い参謀と、東条などの『かん』で決定されている」と批判した。

七月二〇日、「東条内閣、総辞職す」とある。小磯内閣が成立。清沢は小磯も「戦争遂行内閣」であると失望感を記した。他方で、石橋湛山の政府批判を変えない姿勢に敬意を払っている。ほぼ敗戦まで一年余――むろん、清沢は知らない――の八月一一日に、最高戦争指導会議が設置され、「その時賜った陛下のお言葉に『混然一致』というがある。陛下は何故に、そのお言葉を特に御使いになるのであるか。恐懼、恐懼」と書き記した。清沢の複雑な思いが伝わる。

鳩山への言及もある（八月一二日）。「鳩山は人なつこい。開放的で好感が持てる。智的でもある。この人の舞台が来るであろう。大胆で、度胸もある。右翼に対し『戦争は勝てるとは思わん』と平気でいっているらしい」と紹介した。慧眼であった。事実、鳩山は戦後日本政治の表舞台にたち、対ソ外交などを切り拓いた。健康が許せば、日本政治の方向も異なったはずだ。大内兵衛（一八八八〜一九八〇）＝「マルキストといわれるにもかかわらず、案外にその観方が客観的である。公式的ではない」（一〇月三日）。

ほかにも、人物評が多い。東洋経済新報社の創業者で、農相や商工相も務めた町田忠治（一八六三〜一九四六）＝「その視野は、経済技術家の域を脱しない」。高橋亀吉（一八九一〜一九七七）＝「有能だけれども、高橋の意見が戦争を起すに責任があった」（八月二一日）。八月二九日、「外務省より嘱託の辞令出る」とある。

九月一日、「欧州戦争が始まって満五年になる。五年が総力戦の峠だとかつて僕はいったが、ドイツの降伏はもう目の前にある」とある。九月二一日、戦後、ロッキード事件で田中角栄との関係で浮上した児玉誉士夫（一九一一〜八四）が登場する。「今回の戦争で儲けたものは右翼団で、彼らは支那、内地、どこでも鉱山その他の権利を得て、大金を儲けているそうだ。彼らは軍人と連絡があるからだ。その一例として児玉誉士夫という大森区から代議士に立候補した右翼の男——国粋会の何かだ——が今日の『毎日新聞』によると福岡で水鉛鉱山を経営しており……」とある。

清沢は、小磯内閣に戦争を終結させる力はないとみた。「言論が自由になった。緒方君が情報局総裁になって努力の結果である」と記した（一月一三日）。新聞を買う行列ができている」ことが紹介される

（一月一六日）。国民の戦争の行方の不安感の反映である。一月四日、特攻隊への言及がある。「人名の粗末な使用ぶりも極まれり」と記された。このころ、かなり頻繁に東京空襲が続いた。米軍機が撃ち落とされることもない。清沢は「日本の機械的実力が、こうして国民から隠しおうせなくなるだろう」と記した（一一月一〇日）。

一二月八日、「大東亜戦争勃発の三周年である。朝、小磯首相の演説があった……こうした指導者しか持たない日本は憐れというべけれ」。毎日のように警戒警報があったこともわかる。一二月九日、敗戦後、皇太子の家庭教師役となる小泉信三（一八八八〜一九六六）が登場する。「慶應義塾長で内閣顧問だ。……全く右翼的になった……『戦争でどうなっても、米国の奴隷になるよりいい』とかれはいう。……僕は寂しくなった。小泉氏の如きは最も強靭なるリベラリストだと思った。しかるに今、それがまったく反対であることを発見した。……それにしても大臣待遇とか塾長になれば、意見がこうも変わるものだろうか。日本人がそうなのか。学者は時の問題に諒解を持たぬのか」。

敗戦の年の元旦。焼夷弾が落ちたようだ。「僕が迫害されたのは『反戦主義』だという理由からであった。戦争は、そんなに遊山に行くようなものなのか……彼らに国際的知識がない。知識の欠乏は驚くべきものがある。……日本の最大の不自由は、国際問題において、対手の立場を説明することができない一事だ。日本には自分の立場しかない。この心的態度をかえる教育をかえる教育をしなければ、日本は断じて世界一等国となることはできぬ……蛮力が国家を偉大にするというような考えを捨て、明智のみがこの国を救う……来年の予想——ドイツは本年中に敗戦するであろう。大東亜戦争は本年中に片はつくことはないだろう」と記された。

清沢の戦争終結予想では、日本の敗戦はこの夏と把握された。一月一二日、「毎晩、空襲が来ない日とてはない」とある。清沢がもっとも問題視した徳富蘇峰が米軍のルソン島上陸を青天の霹靂であったとした言説にたいして、右翼が「徳富を以てしても軍が秘密にすぎるという」という言説を紹介する。米国での報道との比較で、「蘇峰の如き議論がドン・キホーテの最たるもの、かれは全く科学的考えはない」と記された。

一月一九日、「独軍ワルソウを十六日に徹退」とある。一月三〇日、「日本の国民は何にも知らされていない。何故に戦争になったか」。この種の記述は、この日記が書き始った頃から繰り返し記されてきた。二月二四日、新聞に米英ソの三頭会議がクリミヤで開催され、ドイツへの制裁が厳しいことが紹介され、ドイツ軍の死に物狂いの抵抗が予想されるとある。

このころも、日本の教育への批判が多い。二月一五日、「教育の失敗だ。理想と、教養なく、ただ『技術』だけを習得した結果だ。彼らの教養は、義士伝以上に出でぬ、ことに『軍人』という中流階級以下の連中が大量に押し出したのである。従来の渡航者は、とにかく選ばれた少数者であった。……『真正日本』が外国に行ったので、そのままに先方に紹介されたのである」と記された。

清沢は、このころから戦争終結後を考え始めた。どのように終結させるのか。二月一九日、「東洋経済」の評議員会に出席し、蝋山談で、議会での小磯首相へ安藤正純議員（＊）の「戦争責任」の所在に関する質問に、小磯は政務＝総理、作戦＝統帥部としたものの、戦争責任については「お答えしたくなし」と答弁したという。清沢は「我憲法によれば天皇その責に任じたまうの外はなきに至っている。戦争の責任もなき国である」と記した。二月一一日は米軍の硫黄島上陸の日であった。

＊安藤正純（一八七六～一九五五）――新聞記者をへて、無所属で衆議院に立候補し当選。その後、立憲政友会に所属した。幹事長となった。翼賛議員連盟に対抗し、非推薦で当選し、反軍派として衆議院議員を続けた。

三月一〇日、B29の低空飛行にも、高射砲が当たらず、日本側の迎撃機もなしの記述がある。銀座も焼け野が原になりつつあった。田舎でのバケツ防空演習は、東京での空爆の実情が何も反映されておらず、「知識の伝播力は遅い」とある。「軍部はいよいよ内地で作戦する準備中」と紹介された。三月一一日には「科学の力、合理的心構えが必要なことや、空襲が教えるにかかわらず、新聞やラジオは、依然として観念的日本主義者の御説教に満ちる。この国民は、ついに救済する道なきか」とある。「鹿子木（＊）、徳富蘇峰といった連中が、この戦争を招来した最も大きな元凶だが、二人ながら同じことをいっている。……こうした人々を指導者とする日本は禍になるかな」。

＊鹿子木員信（一八八四～一九四九）――大日本言論報国会（徳富が会長）の事務局長。

三月、内地決戦のことにふれている。他方で、三月二九日に「どこでも竹槍で訓練している。B29を見ても、まだ竹槍と柔道でやれると思うところが、日本精神であろうか。……敵は沖縄に上陸して南方と本土との連絡を断とう」と予想した。四月一日、戦後新憲法に関わった松本烝治への言及がある。「松本烝治氏来宅さる。……」。時局談として、憲法も話題に上ったようだ。「憲法に手を触れなくてはなるまいが、宣戦講和について議会の協賛を経ることを必要とする項目を加える程度を以て足れりとするだろうといった。これまた楽観的である」。軍は楽観的であった。

戦争責任について、松本自身（＊）は「東条、近衛、松岡、木戸の四人は免がれぬ」と述べたようだ。松本や清沢自身は、戦争は「今秋ぐらいまで」とみたが、夏の敗戦となった。四月一九日、沖縄戦での米軍無条件降伏のガセネタも紹介されている。このころの風評に「民衆がいかに無知であるかが分る。新聞を鵜呑みにしている証拠だ」と記された（四月二〇日）。四月二三日にベルリン市街戦が紹介され、三〇日、「晩のラジオでドイツのヒムラー、米英に対し無条件降伏を申し出たと伝う。……ムソリーニも、その一味とともにとらえられた旨、……ムソリーニが自裁せずして、捕えられたことに対し、多くの日本人は何というだろう。またヒトラーの最後は如何」とある。

＊松本烝治（＊一八七七～一九五四）――昭和九［一九三四］年、斎藤内閣で商工大臣、その後、敗戦下の幣原内閣で憲法改正担当の国務大臣となる。

五月二日に鈴木貫太郎内閣の成立、「ヒトラー死せりの報あり」とある。五月四日の日記が最後となった。翌日の結婚式の出席のため、次女の英子と松本へ赴く、とある。暗黒日記には、当時の新聞記事の切り抜きが張られていたが、『読売新聞』の空襲記事もあった。清沢は「『結婚は捜すものではなく拾うものである』そういって僕は媒酌人の挨拶をした……」と記した。

この二週間後の五月二一日、敗戦の日を迎えることなく、清沢は肺炎で急逝した。清沢は、戦後、自らの日記を基に「大東亜戦争」に踏み切った日本とは何であったのかを書いたに相違ない。そのための、『戦争日記』であった。

清沢が生き延びていたら、彼には日本の戦後がどのようにうつったのだろうか。何を戦前から引き継ぎ、何を引き継がなかったのか。戦後、軍国主義者やファシストは、なぜ、民主主義者となったのか。清沢なら、おそらく、時勢におもねる出世主義だけが継承されたと解釈しただろう。

ドイツの政治家論

さて、ドイツの戦後である。何人かのドイツの首相の回顧談を紹介しておく。ハンブルク生まれで、西ドイツの第五代首相――一九七四～八二――ヘルムート・シュミット（一九一八～二〇一五）は、退任後にフランス元大統領や旧ソ連書記長など世界の指導者と対談を行った。この対談はドイツのテレビで放映された。後に『世紀転換期』（邦訳『ヘルムート・シュミット対談集――回顧から新たな世紀へ――』）に収録された。

シュミット元首相は、統一ドイツの初代首相のヘルムート・コール（一九三〇～二〇一七）とも対談を行った。対談時期は一九九七年一二月一六日。ドイツの元首相の対談から、ドイツ政治の一端が知れる。コール元首相の在任期間は一九八二年から一六年間の長期にわたった。東ドイツ出身で連邦首相となったアンゲル・メルケル（一九五四〜）は、二〇〇五年からの一七年間とこれも長期にわたった。

元首相経験者の対談では、司会者のクリストフ・ベルトラム――当時、ツアイト紙の編集者――の「連邦首相というポストは何を意味しますか？……悪夢でしたか」の問いに、コールはつぎのように応じた。

「悪夢ではありません。……毎日の実務において、憲法に規定されていない多くのこともかんがえなければなりません。……なんの心づもりもなくこの職に就くわけではありません。党政治のありとあらゆる矛盾にもかかわらず、一貫性を保持するのです。長年政治活動をしていたら――わたしは十七歳からでしたが――、突然首相になる瞬間が来るとは全くおかしいことです。そう感じない人がいれば、その人は首相には不適当だと思います。このポストには歴史の一時期における国全体に対する責任という側面もあります」（田村万理・山本邦子訳）。

他方、ブラント元首相の後継者となった――本人は予想せずに――シュミットは、「権力に関心がなくて、わたしの心にひっかかっていたものは責任という重荷だったからです」と応じた。ドイツの政治傾向について、コールは「権力を中傷するという変な習慣があります。問題は権力の使い方です。権力を行使しないで、政治的職務に就くことはできません。……権力は必要です。権力を公然と批判し、それから逃げる者は何も具体化することはできません。ちなみにこのことは政治だけではなく、人生の多くの領域についていえます」と述べている。他方、首相退任後にツァイト誌の編集者も経験したシュミットはつぎのように応じた。

「権力概念を相対化するためにつけ加えなければならないことがあります。権力とは完全な力でも、絶対多岐な力でもないということです。というのは、多くの人々に依存しているからです。つまり、自党の議員団、連立のパートナー、世論、そして活字になった世論に依存しているからです。……ドイツの民主主義教育の中であまり触れられないことは、妥協の意志がなければ民主主義は機能しないということです。」

この後、テーマは政治家世代論となった。さらに、テレビ全盛時代のドイツ政治へと転じた。シュミットは「テレビ社会」と「読書社会」での違いについて、「テレビでは人は自分の考えを手短に述べなければなりません。時間のかかる事柄はそこでは問題にされません。ですからテレビでは政治家はみんな表面的になってしまうのです。……意見を求められた人は、一分以上長く答えたら、カットされる……短い文章で応えようとするため、必然的に表面的になります。それがテレビ時代の民主政治と書物時代の民主主義社会との違いの特徴です」と応じた。他方で、コールは「電子メディア」時代では、「何をいうかはもう問題ではなく、いかに映像化されるか」の時代になったとした。

対談後半で、司会者は、「わが国には政治家不信という言葉があります……何がその原因」なのかを質した。コールは「政治への期待が、政治が果たしうることをはるかに超えている……シュミットさんは失業のことを話されました。政治は大枠の条件を作り出すことはできますが、例えば雇用は経済によって促進されなければなりません。……経済界が雇用を抑制すれば、必ずやその結果を伴います。そのために政治が槍玉にあげられます……経済界から時には抜け出して政治的責任を引き受けようという覚悟が示されるのは、アメリカなどと比べれば、わが国でははるかに少数です」と述べる。

シュミットは、「ドイツで他の分野の人々に積極的な政治参加への関心が少ない」理由をドイツ基本法の選挙制度に求めた。州議会議員の候補者争いや党内派閥の力学の問題点が指摘された。要するに、ドイツ人にとって政治家になることの面倒さに言及する。コールは、ワイマール共和国とドイツの現状を比較して、「ワイマール共和国を考えてみてください。かつてはこの共和国精神のために進んで行動する、立派な人々がたくさんいました。それがナチス時代に祖国への奉仕には全く別の不純物が混ざってしまった」とした。

シュミットも、戦後ドイツのアデナウアーを「生き残った人々……逆戻りしないことを願い、ドイツに秩序をもたらすために全力を尽くした生き残りの人々だった」と評価した。コールも「ドイツ連邦議会には経済界出身の人々がたくさん議席を占めて……自らの企業の再興に日々直面していて……それにもかかわらず彼らは、議会の外でも進んで活躍しました」と応じた。

ドイツ新旧論では、「若い世代は両親たちの苦労で得られた豊かさである」ことへの意識の欠如を、シュミットは嘆いた。戦争世代が引退していくなかで、二人の関心はドイツの将来に及んだ。若き時代から反ナチを貫いたシュミットは、自らもナチスドイツに抵抗した告白教会の信者であることから、同教会の「バルメン宣言」にふれた。「『統治者だけに責任があるのではなく、被統治者にも』というものです。そしてこの責任意識を再び目覚めさせることは、われわれの世代の最も重要な課題のように思えます」としたうえで、「ドイツの歴史のみならず、ヨーロッパの歴史も、つまり、フランスとドイツの歴史、ポーランドとドイツの歴史」を忘れてはならないことも付け加えている。

二人の元首相は若い世代へ歴史への深い洞察を伝えること、さらには、連立政権をドイツ政治の中に定着させた経験を伝えようとした。この点は、自民党単独（独裁）政権が長く続いた日本とのきわだった対比である。民主政治を妥協の政治とみた二人の元首相は、単独政権は変化に対し、脆弱で不安定な政治であると考えていた日本も、ドイツと同じ時期に連立政権を経験していれば、現在の政治の状況を回避できたかもしれない。

日本では、自民党単独政権とはいえ、中曽根、小泉、安倍を除いて、いずれの内閣も短命であった。ドイツの政権は、欧州でも比較的長期政権であった。だが、ドイツ駐在経験をもつ新聞記者の三好範英は、ドイツは「政治下手」とみる。

ドイツ理想論の虚

三好は、日本の「ドイツ理想論」に警鐘を鳴らす。三好は、ドイツでの福島原発事故報道を通して、『ドイツリスク——『夢見る政治』が引き起こす混乱——』で、ドイツにとって東西統一後の重要な政治課題は欧州連合の発足であり、それ以降のドイツ政治の目標は何であるのかを問う。いうまでもなく、シュミットやコールにとっての政治課題は東西統一と欧州連合への加盟であった。ゲアハルト・シュレーダー（一九四四〜）——首相在任一九九八〜二〇〇五——やメルケルは、欧州でのドイツの確固たる居場所の確保であった。

その後、欧州連合加盟国の財政赤字が拡大しつづけ、メルケルは財政規律の維持にこだわった。ギリシャなど財政赤字に苦しむ加盟国は、貿易黒字の下で緊縮財政のメルケル政権を批判してきた。三好は緊縮財政にこだわるドイツについて、「なぜドイツは頑ななのか」と問い、答えをつぎの四点に求めた。

（一）　原則遵守のドイツ人気質——「ドイツ人はまず、決りを守らなければならない、と考える。……ユーロ加盟国に義務づけられている決りを守らないのが悪いのであり、それが危機の原因である。……ドイツ政治の当事者は、『ユーロ危機』という言葉を使わない。あくまでも『財政危機』である。……実はドイツ自身が、シュレーダー政権時の二〇〇二年から〇五年にかけて、年間財政赤字を三％以内に抑える約束を破ったのだが、自分の非は棚に上げて、他人の欠陥やうそを攻撃して止まないのがドイツ人の一面でもある」こと。

（二）インフレへの強い警戒感――ワイマール時代のドイツ国民の記憶のなかのハイパーインフレーションへの警戒感でもある。「その混乱がナチスの台頭につながった。それを教訓に戦後（西）ドイツは通貨の安定、言い替えれば、財政規律や中央銀行の独立性を重視する金融政策を進めてきた」こと。

（三）財政規律＝競争力の維持と経済成長の前提（非ケインズ効果）――財政赤字の削減が金利を低下させ、民間経済活動への刺激であるとみる考え方である。「メルケルは、シュレーダー政権の構造改革『アジェンダ二〇一〇』が、ユーロ危機以降のドイツの好調な経済条件を準備した、構造改革は効果を発揮するまでに時間がかかるが、確実に発揮すると確信している」こと。

（四）ドイツ人の国民性＝倹約態度――「無駄遣いしないこと（倹約）こそ美徳という倫理（ドイツ語で倹約家を象徴する……「シュヴァーベンの主婦」という言葉があり、メルケルにその名が冠されたこともある）は、確かにドイツ人がほぼあまねく遵守している基本的な生活態度である」こと。

日本でも、小泉政権以降、「構造改革」の政治が続いた。その後の財政規律喪失の結果からみるかぎり、内実はドイツとは大いに異なった。メルケルは、ドイツのなかのドイツ政治――ドイツは連邦国家である――と、欧州連合のなかのドイツ政治のかじ取りを担ってきた。前者はドイツ国内世論＝緊縮財政支持であり、後者は共通通貨ユーロを維持するための加盟国への金融支援策であり、ギリシャへの信用供与、フランクフルトにある欧州中央銀行の加盟国の国債買入れの支持である。ギリシャ支援に関しては、メルケルは国内世論に配慮し緊縮政策の実行を条件として支援策を打ち出した。また、欧州連合域内貿易に大きく依存するドイツ経済にとっては、ギリシャなど南欧諸国の経済危機も大きな課題である。シュルツ首相も同じ課題を引き継いだ。

欧州連合という枠組みの下で、ドイツは「強い経済と強い政治」と「強い経済と弱い政治」との間を揺れ動いてきた。この場合の政治には二つの側面がある。国内政治と国外政治＝欧州内外交と世界外交である。欧州連合は、強い経済のドイツに対して、弱い経済の諸国は多い。「弱い経済と強い政治」の英国やフランス、「弱い経済と弱い政治」のギリシャやスペインなど多彩な国家の連合体である。

メルケル首相は、ドイツに有利に働いた欧州連合の結束を維持するため、米国やロシアにも配慮しつつ、強い経済を背景にときに強い政治を、ときに弱い政治を慎重に演出しながら、長期政権を続けてきたタフな人物である。日本でそのような政治家はいるだろうか。対外的には、ドイツは欧州全体のエネルギー政策をにらんだロシアへの積極的な外交、アジアについては欧州の親中国政策を進めてきた。これは単なる経済外交ではないことは、改めて独ソ関係や独中関係の歴史を振り返ってとらえておくべき課題である。

第六章　モデル構築

「ドイツのことを考える時は日本のことを同時に考えるべきだ。そうすれば、必要以上にドイツを特異な国と考えずに済む。実はそれほど特異ではなく、ある条件が揃えば同じような国は他にも生まれ得ると考えることができる。もちろん、ドイツだけの固有の事情もある。」

（ジョージ・フリードマン（夏目大訳）『ヨーロッパ炎上——新・百年予測——』）

日欧独の地政学論

欧州でのドイツの地理的位置を考慮することなしに、ドイツを理解できない。日本もアジア・太平洋における地理的位置を等閑視して、今後の展望は切り開けない。むろん、ドイツの歴史、外交、経済の現状と今後の展望も理解できない。

他方、ドイツの地政学的位置とは何だろうか。比ゆ的には、シェアハウスの住人たちに近似する。同じ価値観をもつ人ばかりだとうまく行くが、そうでなければ、いがみ合う人たちもいる。欧州史は異なる価値観をもつ人たちのシェアハウスのようだ。したがって、欧州では共通価値観への思いが大事である。だが、それは容易ではない。欧州戦争史がこれを物語る。欧州を去り、新しい価値観を求め米国へと移った人たちも多い。ドイツの今後も歴史的文脈の下で見ておく必要がある。

歴史地理的構図の下で、ドイツは欧州炎上の中心であった。アジアの中の日本を考えるときに、ドイツの欧州での動向が気にかかる。戦争毎に、ドイツ国家の地理的範囲は変わっても、国家は個人のように引っ越しはできない。ドイツは、今後とも欧州のドイツとして欧州に位置し、そこでの作用・反作用の影響を受け続ける。

大戦後、ドイツはフランス、ロシアや米国との関係で、軍事力ではなく経済力で共存の道を探ってきた。日本もまた韓国や中国との関係、米国との関係で、ドイツと同様に軍事力ではなく、経済力において自分たちの居場所を模索した。過去の苦い失敗とトラウマが背景にあるのも両国に共通する。

だが、アジアと欧州との根本的な違いもある。ユダヤ人で欧州から米国へ「移住」した経験を持つ地政学者のジョージ・フリードマンは、『発火点――欧州の迫る危機――』(邦訳『ヨーロッパ炎上――新・一〇〇年予測、動乱の地政学――』)で、欧州という地の歴史についてつぎのように指摘する。

「一九一四年から四五年までの間に、ヨーロッパでは、戦争、集団虐殺、粛清、計画的飢餓などの政治的理由によって一億人もの人間が死んだ。それは他のどの時代と比べても、世界の他のどの場所と比べても極めて異常な数である。しかも、四〇〇年以上にわたって世界の大半を支配下に置き、人々の世界観を大きく変えてきたヨーロッパで、これだけの死者を出したというのが驚きだ」（夏目大訳）。ドイツが欧州錯乱の中心に、なぜ、位置したのか。それはドイツだけの問題ではない。フリードマンのいう「大きな謎なのは、なぜヨーロッパ人がまとまるのがそれほど難しいのか」という点に加え、「ヨーロッパの地理を見ると、誰かが征服して統一することは困難だとわかる。これは、小規模な国が非常に長い期間存続できる」からでもある。この構造は、「第一次世界大戦があったからといって、何かが解決したわけではないのだ。それは、ドイツの地位をめぐる戦争だった。ドイツは一八七一年に統一を果たしたが、そのことがヨーロッパの均衡と安定に大きな影響を与え、混沌へと導いた」というフリードマンの結論にもつながる。

欧州ファシズム論

欧州諸国の動向は、ドイツと周辺諸国との関係に依拠する。つねに強国であったドイツは地域での主導権発揮を躊躇してきた。日本のアジアとの関係も同様である。しかし、ＥＵの結束力が弱まるにつれ、地政学的にみても、ドイツの役割は高まる。

地政学的な見方の下では、ドイツのファシズム思想も地域との関係で形成されたとされる。それはドイツ独自なのか。ファシズムの始祖は、ムッソリーニ（一八八三〜一九四五）のイタリアであった。ムッソリーニの登場は、当時の政治状況を抜きにしてはわからない。そこには、ファシズム運動と並んで共産主義運動もあった。双方の類似性もあった。この点に関して、ドイツのファシズム研究者のエルンスト・ノルテ（一九二三〜二〇一六）は、『ファシズム運動』（邦訳『ファシズムの時代――ヨーロッパ諸国のファシズム運動一九一九〜一九四五――』）で、ファシズム成立の前提の一つを「自由主義体制の存在」と指摘する。ノルテはつぎのようにとらえた。

「自由主義体制がファシズムの第一の前提であり、この体制がヨーロッパの一つ一つの国ごとに異なった外貌を呈していた事実を考慮すると、小さなグループの描写もまた、一つの巨大な運動や体制の解明に役立ちうるし、その結果として生じる多様性は、同時に、あまりにも硬直した概念的把握の修正を意味することになるかもしれない。……しかし、ファシズム運動がただ自由主義体制の土壌のみに発生しうるとしても、……それらの運動はむしろつねに、このような急進的な抗議への回答にほかならないものとしてみずからを理解しており、その初期においては、国家がその前にまったく無力のままに立ちすくんでいるように見える攻撃に対抗して、体制を防衛することを実にしばしば企てる。つまりボリシェヴィズム（＊）の挑戦なくしてはいかなるファシズムもありえないのである」（ドイツ現代史研究会訳）。

＊ボリシェヴィキとは、元来、ロシア語で「少数派」（メンシェヴィキ）に対して「多数派」を意味した。ボリシェヴィズムは、レーニン（一八七〇〜一九二四）のロシア社会民主労働党の一派のプロレタリア独裁による社会主義思想を意味する。

第一次大戦後のドイツやイタリアのみならず、欧州各国の政治体制はボリシェヴィズムの影響を受けた。この点を抜きにして、ドイツやイタリアの「特殊」論は成立しない。ボリシェヴィズム＝マルクス主義への対抗思想としてのファシズム運動の共通性にこそ着目すべきことも多い。当時の欧州各国での同種の運動をファシズムとして一括してよいのかどうか。

フィンランドにもボリシェヴィズムに反発した農民たちの「ラッポ運動」の示威運動＝ヘルシンキ進軍があり、フィンランドのムッソリーニといわれた人物も現れている。これは日本の当時の雑誌『世界知識』（昭和七［一九三二］年六月号）に「芬蘭（フィンランド）のラッポ運動」として紹介された。欧州の動きとの比較として、日本の同種の運動もまたファシズムと呼んでよいのかどうか。

ノルテは各国個別論としてファシズムも紹介している。彼の分析結果を整理しておこう。ノルテは各国のファシズム運動を、①「バルカン・南ヨーロッパ」、②「東ヨーロッパ・バルト諸国」、③「中部ヨーロッパ」、④「北ヨーロッパ・西ヨーロッパ」の地理的区分で紹介する。この理由は、「一定の自然的・社会構造的諸条件を重視するもの」であり、この区分は「工業化の進展と農業人口比率の減少に見合っている」とされた。ノルテの分析結果は、ファシズムの社会的前提は①と②のグループにはまだ存在せず、④グループではそのような前提はなく、ヨーロッパ中央部だけにファシズム成立の基本的条件があったとみる。

ノルテは、ファシズムとは「世界大戦以前の時期から知られていた右翼的傾向の諸政党に比して、公然とはるかに右寄りに位置しているもの、すなわちとりわけ、より一層急進的な仕方で反共産主義であり、しかも同時に、くらべものにならないほど多くの左翼分子を包含するような、政党、運動および傾向」をもち、外面的には「制服への偏愛、指導者原理への傾向、ムッソリーニあるいはヒトラー、もしくは両者に対する露骨な共鳴といった諸点によって」特徴づけた。こうした点を満たさない場合、「親ファシズム」、「半ファシズム」あるいは「疑似ファシズム」という名称が適当であると、ノルテはみた。先にみた地域グループのなかにも、ファシズムの濃淡がある。地域別の大別整理はつぎのようなものだ。

（一）バルカン・南東ヨーロッパ（ギリシア、ブルガリア、アルバニア、ユーゴスラヴィア、クロアチア、ハンガリー、ルーマニア）――ファシスト運動が目立ったとはいえない地域であるが、それでもユダヤ人口の多寡、ロシアとの地理的近接性がそこに反映された。

（二）東ヨーロッパ・バルト諸国（ロシア、ポーランド、ラトビア、エストニア、リトアニア、フィンランド）――本来なら、ロシアでファシズムが盛んになりそうである。実際には、亡命者たちがファシスト党を米国などで創設した。このうち、フィンランドでは、東ボスニア地方の田舎町ラプアで反共産主義運動がロシアの共産主義への恐怖と憎悪を背景として、一九三〇年七月に

「青と黒の腕章を巻き、中隊と大隊に編成された一万二〇〇〇名の農民が、多くの場所でファシスト流の挨拶を受けながら首都を行進して議会に達し、共産主義の完全な抑圧の要求をつきつけた」と紹介された。

（三）中部ヨーロッパ（スイス、チェコスロバキア、オーストリア、イタリア、ドイツ）――ドイツ文化ということでは、スイスはドイツに近いが、共産主義が影響力を持たなかった。「大戦の終結近くの時期には、自由主義的体制を自分の力で、まず共産主義の攻撃にたいして、ついでファシストの攻撃にたいして守り切ったただ一つの国、しかもドイツ語を話す人が多数を占める国として残るのを可能にした基礎がつくられたのだった」。ドイツはあとでふれる。

（四）北ヨーロッパと西ヨーロッパ（英国、スカンジナビア、ベルギー、オランダ、フランス、スペイン、ポルトガル）――このグループは、「ファシズム運動の間には過渡的形態やたんなる模倣がとくに数多く見られたにしても、あげるにたるようなファシズム運動がなんら存在しなかったと主張することはまったく根拠のないこと」であり、ベルギー、英国、フランス、ノルウェーやオランダでもファシズム運動はある時期に興隆をみたとされた。

この地理的構造で、フィンランドのラッポ運動がファシズム運動であったかどうか。ソ連が隣国でありその緊張感が強く、また、マルクス主義への反発もあるなかで、運動の担い手が農民であった。この意味を再考する必要がある。農民たちは政府に対して、共産主義者の抑圧を要求し、結果、「共和国防衛法」が制定された。この点について、ノルテはつぎのように当時の状況を説明した。

「たんなる反共主義をしてはじめてファシズムへと発展させたところのあの首尾一貫性の論理によって、ラッポ運動は、やがてすべての『マルクス主義的』党派の排除と議会主義体制一般の廃止を要求するにいたった。……ラッポは『愛国人民運動（ＩＫＬ）』という名称のもとに新たに組織される……一九三三年の総選挙には保守党と同盟を結び、一四議席をえた」。

これがこの運動のピークであった。皮肉にも、前述の「共和国防衛法」に依拠する法律によって制服着用――これはファシズム運動の外観的特徴である――は禁止され、この五年後には運動そのものが禁止された。その後、いくつかのドイツの運動を模倣したような再興運動があったが、フィンランドにはユダヤ人の比重が少ないこともあり、そのうち立ち消えた。

ドイツについて、ノルテは特徴を社会主義政党ではなく、社会民主主義者の政府に対する反対運動であったこと、反マルクス主義にしても、それがきわめて思想運動として顕在化したこと、ユダヤ人問題もまたきわめて「形而上学的」なものであったこと――バイエルンにはユダヤ人が少なかった――、ヒトラーとナチ党との関係でイタリアなどと比べても宣伝が巧みであったことなどを挙げる。そのうえで、「民族主義と反マルクス主義という二つの要素のたんなる融合が問題なのではない。……ドイツにおいては、対外的には荒々しく民族主義的で、対内的には戦闘的に反マルクス主義的であり、したがって同時に反議会主義的である政党が登場するであろうことは、まったく不可避なことであった」と指摘した。

民族主義では、ナチ党はアーリア人種優越論を唱え、「ドイツは、人種的に健全な指導者国家として、ソヴィエト連邦における共産主義の世界的中枢を破壊し、ロシアの空間を所有することによって、国民的な自給自足の条件を永久に確保するであろう、というものであった。……ナチ党は、人類の発展の安定した最終段階としての、人種の価値によって編成されたカースト社会のイメージを描き出した。しかしそのことによって、それは、通常のファシズムから遠ざかった……それゆえに急進的ファシズムであることをしめした」点に、ノルテはドイツ・ファシズムの特徴を見出す（＊）。

＊ちなみに、『有閑階級の理論』（一八九九年）で知られることになるソースティン・ヴェブレン（一八五七〜一九二九）は、第一次大戦勃発後の初期に、『帝政ドイツと産業革命』（一九一五年）でドイツの敗戦と人種優越論に基づくナショナリズムの虚構性を指摘している。同時に、ドイツに類似した国として日本に言及して、ドイツと同様の運命を辿ることを示唆している。慧眼であった。

「ドイツの土壌」について、ノルテは、ドイツの自由主義体制の多様性と定着の弱い伝統を挙げた。「国民のなかの強力な少数派が軍服を着た国家元首と、命令と服従の安心できる秩序に憧れたところはほかになかった」とした。彼は、ファシスト・イタリアとの比較を試みる。対外政策においてヒトラーはボリシェヴィズムに対する「武装した第一線の戦士として（自分を―引用者注）したてあげ……全世界の保守主義的共感を獲得することを通じて、諸関係を革命的に転覆する可能性が与えられていた」。にもかかわらず、「ファシズムの原則を可能な限り最高度に、そしてもっと広範囲にわたって推進したために、……保守主義者や、ましては自由主義社会全体から遠ざけて孤立させてしまうこと」になったとした。最終的に、ヒトラーの軍隊はレニングラードで軍事的にスターリンに敗れた。

四つ目の地域の特徴について、ノルテは「フランス、イギリス、ベルギーにおいて、ファシズム運動はときおり目をうばうような躍進を体験していたし、ノルウェーとオランダではファシズム運動が、たとえドイツの援助の賜物ではあったにせよ、最終的に権力を掌握するにいたっている」と指摘する。ドイツ占領地では、「傀儡政権」を成立させ、傀儡政権の成立に一定のファシズム運動のうねりがあった。ただし、占領地で、ドイツやイタリアのようなファシスト政党が国民の間に浸透していたかどうかは疑問である。

スカンジナビア半島の国でも、スウェーデンではドイツの突撃隊のような制服を着た者たちの「ファシスト闘争団」――のちに「国民社会主義人民党」へ――が結成され、デンマークでも同様な動きがあった。背景はドイツなどと同様で、世界恐慌の深刻な影響とソ連邦成立の共産主義運動拡大への恐怖があった。ただし、ノルウェーは事情が異なった。この国では、ソ連との地理的な距離感からか、共産主義インターナショナルに加盟した「労働者党」が存在していた。同時に、ドイツとの関係を重視せざるをえない立場にもあった国である。

異なる民族間の対立が続いたベルギーの地理的位置は複雑である。民族自決を掲げた制服着用組もいた。その後のドイツ軍の占領の下、彼らはドイツの「下請け的」組織として存続した。以前にも黒シャツ制服組は存在した。その後、「制服禁止令」や国民社会主義政党への入党「禁止令」が出されたが、国民社会主義政党は存続を許された。

英国でも、元軍人たちのファシスト運動が存在した。背景に国王と祖国の擁護があった。経済的不安定とナショナリズムが結びつき、一定数のユダヤ人に対して反ユダヤ主義がそこに入り込んだ。当時の独立労働者党は、労働者の生活改善＝賃金引上げを求めた。ノルテは、「独立労働者党の前衛による、合理化をめざした、一見、純粋に経済的な国家＝社会主義綱領は、どんな仕方で、みずからをファシストと称し、まもなく実際にイタリアのファシズムとドイツのナチズムとのますますはっきりした類似性をしめすにいたった運動の要素となるのであろうか」と指摘する。

結論からいえば、「ならなかった」。もし、対独戦が長引き、米国の参戦がなければ、結論は異なっただろう。モーズリーの労働党も、ヒトラーやムッソリーニを強く意識した。彼は一九三二年に「イギリスファシスト同盟」を設立した。彼らは黒色制服で行進し、沿道の人びとの反感を買った。だが、ドイツの戦争の下で下火となった。

フランスにも、「フランス主義党」などのファシスト運動があった。ド・ラ・ロック（一八八五～一九四六）たちの動きである。ノルテ自身は、フランスがファシズムの最低条件を欠いたがために、「その萌芽においてよりはやく、その活気においてより多彩で、大きな勢力とはならなかった」とみた。ノルテは、背景の一つとして「共産主義の脅威がなんら存在しなかった」ことを挙げる。こうしてみると、欧州のあちこちにヒトラーやムッソリーニのような突出した政治家はいなかったが、多種多様な動きがあった。

　スペインでもフランコ将軍がいた。ポルトガルと同様に、彼らは黒シャツでなく、青シャツの制服が好みだった。ノルテは、このポルトガルについて「保守主義的＝権威主義的体制は、調和のとれた自由主義体制の諸前提がまったく存在しなかったところでは、随所でファシズム――その特殊な諸前提と発展傾向については表面的にのみふれられたにすぎなかったが――よりもはるかに以前から生存能力を確保していたのである。なぜなら指導層は十分に強力でも活動的でもなかったので、社会革命にたいする圧倒的な恐怖をもたずにおられなかったからである」と特徴づけた。

　歴史的には、ソ連に隣接するヨーロッパ諸国以外でも、ポルトガルのようにスターリンの共産主義への恐怖が大きかった。逆説的だが、そのような基盤が再び現れれば、ファシズムはかたちを変え現れる。以前がハードなファシズムであれば、ソフトなファシズムが登場する可能性である。

　ノルテにとって、ファシズム形成の条件は「自由主義体制」とこれに対峙する「マルクス主義（ボリシェヴィズム）」への対抗であり、これらとは異なる第三の道としての「ファシズム」である。つまり、ファシズムとは反自由主義的で反マルクス主義的な存在であり、その特徴は個人的権威主義の要素が大きい。このファシズム論にも、時代的制約性がある。この点は、現在のソフト・ファシズム論を考える上でも重要である。問題は、大量殺戮兵器の登場により、ファシズム運動の暴力性が大きくなったことにある。

残るは反ユダヤ主義との関係である。ドイツ人ノルテの解釈は必ずしも明示的ではない。ところで、当時のドイツを訪れた外国人たちは、ファシズムの嵐がドイツに吹き荒れることを予想したのだろうか。歴史学は、後出しジャンケンの学問であり、無意識に現在から過去を解釈しがちである。

ファシズム論とは

重要点は、だれがファシズムを感じていたかである。のちにその時期を「ファシズム」の時代と呼んだとしても、当時の人たちがそう感じたのかどうかは問われてよい。この手掛かりは、「ファシズム」下のドイツへの旅行者の記録である。作家のジュリア・ボイドは、当時のドイツ旅行の外国人の手記をまとめた。二〇一七年刊行の『第三帝国の旅行者たち――人々の日々の眼を通したファシズムの勃興――』（邦訳『第三帝国を旅した人々――外国人旅行者が観たファシズムの勃興――』）である。当時のドイツは、外貨獲得のために、観光客を積極的に呼び込んだ。

ジュリアの夫は、英国外交官で歴史作家でもあった。彼女の記録には、ナチス時代のドイツ滞在の有名・無名一八〇人が登場する。ナチスの高官に会った英国外交官もいれば、長期・短期の留学生、物見遊山の学生、宗教関係者もいた。ベルリンの自由やワイマール文化の残り香などドイツ文化に憧れて訪れた学生も一定数いた。他方で、中間階級の苦しい生活実態が多くの手記に残された。

ファシズム運動の制服組の姿は、ベルリンだけでなく地方を訪れた旅行者の手記にある。反ユダヤ主義は、驚くほど、その記載は多くない。それは旅行者の国でも反ユダヤ主義があったからであろう。この点に関して、ボイドは「その当時、……反ユダヤ主義はイギリスの上流階級のなかにはびこっていたし、それはフランスでも同じこと、さらにアメリカでは幅広い層に浸透していた。また、同様に、ユダヤ人と共にダッハウ送りとなった共産主義者、ジプシー、同性愛者、そして『狂人』たちの運命は、万人にとっての差し迫った問題ではまったくなかったのである」と解説する。

ドイツ旅行で、偶然にもヒトラーに接した人たちもいた。その印象は映像に多く残された狂信的な演説姿を期待する人たちにとって、人の好い中年のおじさんの印象があったようだ。そのような手記に加え、個人のヒトラーとのスナップショットも紹介されれば、この人物の印象も異なる。偶然、散歩中に「遭遇」した平服姿のヒトラーと少女たちのスナップショットも掲載されている。ヒトラーは穏やかで親切な市井人のようだ。

留学中の学生にとって、ヒトラー政権成立から一〇〇日後の焚書騒ぎは身近であったようだ。やがて、あちこちで「血と土の祭典」が催された。制服姿の行進が日常的になり、「ハイル・ヒトラー」の挨拶が、一九三三年九月のニュルンベルクのナチス大会以降に広がった。この動きは多くの手記に登場する。ボイドも、「一九三〇年代半ば、旅行者が国境を越えたあと、最初に決めなければならないことの一つが、『ハイル・ヒトラー』をするかしないかだった。……ミュンヘンに行った一九三四年頃には、ナチス式敬礼がすみずみまではびこっていたので、この問題を避けるわけにはいかなかった」と記した。「ハイル・ヒトラー」式の敬礼が当たり前になり、旅行者といえどもどこか強制されるような雰囲気があった。当時のナチスの外国向け最大プロパガンダは、一九三六年夏のベルリン・オリンピックであった。外国の競技者や関係者がベルリンを訪れ、多くの手記を残した。ボイドは「一九三六年の末ともなると、英国では、世捨て人か反ユダヤ主義者か徹底した国家社会主義者でない限り、ナチスの残忍性について知らず存ぜぬでは通らなくなった」と当時を振り返える。この影は旅行者に及んだ。一九三八年には、留学生の親元への手紙にはドイツ人の生活の苦境が綴られた。外国からの手紙も検閲された。にもかかわらず、ドイツに外国人旅行者がいたのはなぜか。ボイドはつぎのように指摘した。

「一九三八年を迎えてもなお、変わらぬ数の一般旅行者が休暇の目的地としてドイツを目指していたのはどうしたわけであろう？それ以上に理解しがたいのは、みずから現場に出かけ、当地の体制を自分の目で見た人たちが、帰国後なぜ高らかに非難の声をあげなかったのか？（中略）……根本的にナチスを嫌悪する旅行者であっても、心が赴くまま、政治体制を超えたところに自分のイメージに合った本当のドイツを見いだそうとしていたようだ。何はともあれ、人々を魅力し夢に惑わす不朽の力を秘めたドイツという国を……」（園部哲訳）。

人は憧れの国の見たいところしか見ないのかもしれない。私たちのドイツ理想論の危うさでもある。憧れの国への海外旅行者の心情でもある。だが、当時、戦争が迫っていた。ドイツはポーランドへ侵攻し、二日後、英国はドイツに宣戦布告した。市井のドイツ人にも、戦争の予感の下、空襲への恐れがあった。とはいえ、ドイツの敗北が色濃くなっても、ドイツにとどまった外国人もいた。徴兵ドイツ人に代わって、ドイツの日常生活と軍需生産や経済活動を支えたのはナチス占領下の外国人であった。

ボイドも、スイス人ビジネスマンの記録から、フランス人が比較的大きな自由を享受し、「ドイツ人が空けていった仕事のポストを引き継いでいた。彼（＝スイス人ビジネスマン）が驚いたのは、先祖代々の犬猿の仲をかき立てるかと思いきや、この新型の交流によって二国民はどれほど自分たちが共通点を持っているかを理解したのである。……これは戦争がもたらした数少ない肯定的な出来事だ……」と引用している。

敗戦が近づくにつれ、食料品不足が深刻になった。この時期を振り返り、ボイドは一八〇人のドイツでの生活経験の伝聞を通して、最後に次のように結論づけた。

「ややこしいのは、ナチス・ドイツほどの厚意と意気込みで外国人旅行者を歓迎した全体主義国家はほとんどないという点です。ライン川のクルーズ、太陽がまぶしい庭で飲むビール、そして歌声を合わせて行進する陽気な小学生の一団と並んで歩く体験をすれば、拷問、抑圧、再軍備の噂などいとも簡単に忘れてしまいます。一九三〇年代の末になってもまだ、外国人が数週間ドイツに滞在することは可能でしたし、不快な体験といってもタイヤのパンクくらいが関の山。しかし『見ない』と『知らない』とは同じではありません。一九三八年一一月九日の水晶の夜のあと、外国人旅行者がナチスの本性を『知らなかった』と主張しても、そのような言い訳は通用しません。

おそらく、ここに集めた旅人の物語のなかから浮かび上がった事実で一番慄然とするのは、それほど多くのきわめてまっとうな人たちが、ナチス・ドイツを称賛しながら帰国したことです。ナチスの邪悪さはドイツ社会のあらゆる側面に染みこんでいましたが、それがまだ外国人訪問客の手の届かないところにあった魅力的な楽しみに紛れたとき、醜悪な現実はあまりにもしばしば、あまりにも長いあいだ、忘れ去られてしまいました。ヒトラーの首相就任から八〇年以上が経つ今も、ナチスはまだわたしたちにつきまとっています。つきまとわれて然るべし、と言えるでしょう。」

当時の映像に個人所蔵フィルムは別として、普通のドイツ市民が登場することは多くない。ボイドが収録した個別のドイツ生活の手記は貴重だ。それは万華鏡のようなドイツを見せてくれる。検閲もあり、表立ったドイツへの直接的な批判には制約もあったろう。これらの記録は、ステレオタイプされたファシズムのドイツについては、いろいろな視点から再度見直す必要を感じさせられる。ステレオタイプ化されたファシズム像へは、万華鏡的な視点も必要である。

たとえば、保健や医療からファシズム像をみればどうだろうか。医学史研究者のロバート・プロクターは『ガンへのナチ戦争』（邦訳『健康帝国ナチス』）で、ナチ党政権下のガン撲滅戦争（研究）を読み解く。戦後のガン研究の基礎は、ナチスの政策の下で形成された。これは医学界のタブーとして封印された。背景に、ナチス思想に「ドイツ国民」の健康体理想像があった。その実践が国民体育運動のヒトラー・ユーゲント、自然食運動――有機栽培、無添加物食品――などであった。

健康な若者たちは戦場へ駆り出されているなか、軍需生産拡大には、ロシア人、フランス人、ポーランド人――強制移住や捕虜等々を含め――が、食料不足のドイツ国内の軍需工場で働かせられていた。その健康維持が生産性維持の点から、栄養、最低摂取カロリー、労働環境、有害物資の健康被害への有無などの調査研究が、人体実験データとして蓄積された。危険な作業に強制労働者を従事させて、ドイツ国民は健康維持の予防医学の知識を得たことになる。なかでも、ガンの要因研究は圧巻であった。

プロクターは現在の健康科学の興隆を「ファシストの理念が描いた研究の方向とライフサイクルが、今日ともすれば理想的と考えられるものといかに類似しているかという問題まで扱いたい」と指摘する。すべての歴史的出来事や事象には、つねに逆説的――パラドックス――な要素が付随する。ファシズムの影が大きいのは、その光の部分が大きいからである。それゆえに多くの人たちを取り込んだ側面を注視しておくべきだ。ファシズムにも人びとを引きつける陰影があった。

ナチスの指導者たちには、菜食主義が多かったこともあろうが、ビタミンや繊維食物の有用性、アスベストの被害把握、エックス線の線量など、世界に先駆けてそうした化学認識に長けた。それは現在の予防医学としての定期健診――早期発見や集団検診――などへ応用されている。

プロクターは、「ナチズムで分かりにくいのは合理性と狂気がないまぜになっていることである。が、私はこれこそホロコーストを理解するカギであると考えている。歴史や社会哲学の専門家はこれまで、ファシズムの悪の面を資本主義のせいだ、全体主義のせいだ、軍国主義、反ユダヤ主義、『権威的な人格』のせいだと言って片づけようとしてきた。そのすべては革新的なものであるけれど、それですべてが説明できるわけではない」として、公衆衛生思想などナチズムの二律背反性に解明の手がかりを求めようとする。

ナチズムのイデオロギーには健康主義があった。ただし、その科学性や合理性は、ナチズムの「労働」概念と切り離しては理解できない。国民の労働、兵役、女性の出産・育児への考え方は、健康の維持が大前提と考えられた。健康な国民像は、優生学の発展を促した。軍需経済体制下、長時間勤務による労災事故の防止や労働者の健康維持は、軍需生産の維持に必要不可欠とする合理的思考があった。そのため、工場に多くの産業医を配した。プロクターは、当時の食生活像についても、つぎのように言及する。

「ナチスにとって食事は重要な問題だった。健康で強い国家には健康で強い肉体が必要、そして強い肉体にはまず正しい食事である。そこでナチス・ドイツの栄養学者はまず、肉と糖分、脂肪の過剰摂取を正面攻撃の対象とし、シリアルや新鮮な果物、野菜など『より自然な』食事への回帰を求めた。……正しい食生活によってガンや心臓病のような病気を減らすだけでなく、生産性の高い工場、子だくさんの家、強い軍隊を実現できると考えたのである」（宮崎尊訳）。

ナチズムの反ユダヤ主義は、遺伝と民族の研究を生み出した。ガン発生率と人種との研究は他国でも見られていたことを考えると、プロクターは改めてナチズムの反ユダヤ主義の本質を見極めることの必要性を説く。全体主義とファシズムが重なり合うのは、国が強制的あるいは半強制的に、個人や民間組織を主導したからである。

中立的とみなされる科学振興政策へも、当然ながら、ナショナリズムが投影された。ナチス政権の時代でなくとも、技術優位の国家目標は科学振興ナショナリズムをとる。科学振興には国家資金の集中的投下が重視される。医学振興にも健康重視イデオロギーがかかわる。ドイツ健康立国論のパラドクスはまさにそうである。

プロクターも「ナチスの医学できちんと記憶されているのは、その残虐な部分である。……が、それは全体のうちの一部にすぎず、それを全体と考えれば我々の理解は歪曲されたものとなる。犯罪が誇張されすぎるからではなく――ナチスの犯罪を『誇張』することは難しい――ドイツ・ファシズムの醜さばかりでなく、ファシズムの豊かさをも理解しなければならない。戯画化された悪魔として、他の時代、他の土地との関係をすべて抹消するためにでっちあげられた案山子のような存在としてファシズムをとらえてはならない。……私が強調したいのは、日常的な平凡な科学の実践と日常的な残虐行為の実践とが共存しうることを、もっとよく理解する必要があるということである」と指摘するのも、この文脈においてである。

現在の健康食品ブームの当たり前となった食品や食習慣――たとえば、全粒粉のパンや食品添加物の排除等々――禁酒、禁煙などは、いずれもナチス政権の下で進められた「ファシスト的」取り組みでもあった。

現在では、健康促進運動をファシスト的と断定しないだろう。だが、そこには「過去から現在へとつながる連続性」の歴史がある。ドイツのみならず、当時の世界的な思想――たとえば、優性思想、適者生存のダーウィニズムなど――もあった。それゆえに、わたしたちは、ファシズムの研究を通じて現在の社会的規範なども再考できるようになる。すべてドイツ的と片付けてはいけないのである。

ファシズムの日独論

ドイツのナチズムなど欧州諸国のファシズムと、日本のファシズムはどこが異なるのか。日本のファシズムは、明治・大正期でなく昭和戦前期が対象とされる。背景に、ドイツと同様に日本でも世界恐慌の影響が大きく、社会が不安定化し、農民や商工業者など中間層の苦しい状況があった。彼らの感情は、反資本主義であるものの、社会主義に共鳴する者もいれば、社会主義に反発する者もいた。そうした状況にファシズムが入り込んだ。

日本ではヒトラーのような独裁的な指導者がいたとは言い難い。そこに日本的なファシズムを解くカギもある。また、立憲君主制の時代が去ったドイツと異なり、日本には天皇制があった。それゆえに、日本は「天皇制ファシズム」といわれた。天皇制ファシズムは、形式上、権力の中心は天皇に集中するが、明治憲法の下では天皇を輔弼する内閣など政治家が「集団指導」体制のかたちをとった。そこに軍部の力も大きく作用した。それが、日本の国家主義としてのファシズムの実態であった。しかし、東条英機をヒトラーと同じ位置に置くには相当の無理がある。

ドイツにとり第一次世界大戦での敗北が、ドイツでのファシズム状況の情勢に大きな関連をもった。日本にとり国運を左右した直近の戦争は日露戦争であった。第一次世界大戦で、日本はドイツに宣戦布告したものの、中国の青島や地中海への駆逐艦派遣程度にとどまった。戦勝国としての漁夫の利をむさぼった。

当時の社会情勢は、日欧では共通した状況と異なる状況があった。第一次大戦下の欧州諸国は、戦勝国も敗戦国もともに疲弊した。フランスが賠償金にこだわったのも、戦後復興資金の緊急性であった。ドイツの国民生活は困難を極めた。ようやく、ドイツ経済にも薄明かりが見え始めたころに、世界恐慌の影響が大きく作用した。

ドイツ国民は、何も決められない議会政治よりも、ドイツ国民の誇りと強い国家を求めた。「一つの民族・一つの国家を一人の総統」のナチ党の主張は、国民側に浸透する土壌があった。むろん、日本でも世界大恐慌の深刻な影響が及んだ。農民や商工業者の苦境はドイツと同様に厳しかった。

一九二〇年代の両国の経済復興は、米国抜きには困難であった。ドイツも米国の対外投資によって、賠償資金の確保が可能であった。それが大不況により、それまでの資金循環が大きく崩れた。日本にとっても、米国は繊維や雑貨などの主要輸出国であり、米国の急激な消費低下は日本経済の成長に急ブレーキをかけた。

日本でも、国民は先が見えない不安の下で安定を求めた。当時の政権は政友会の田中義一内閣であり、国民は好転しない経済情勢にいら立った。農民や中小商工業者は労働者寄りの社会主義や、財界などが代表する資本主義にも反発を覚え、新たな主義を求めた。ドイツやイタリアと異なるのは、強力な独裁的指導者の下での大衆的な政治運動が起きなかったことである。陸軍農民派の青年将校たちのクーデターも、国民の共鳴を得ることができなかった。

日本の歴史学者は、ナチズムとの比較で、当時の状況を「天皇制ファシズム」と呼ぶ。だが、その最終責任を負うべき指導的人物を欠いた。それは無責任ファシズムであり、丸山眞男などの「ファシズム」論へとつながった。この経緯を整理しておこう。

ファシズム政党はイタリア（＊）やドイツだけではなく、欧州全体に広がっていた。社会主義政党や共産主義政党の興隆と並走するように、ファシズム政党は伸長した。対外危機は煽られ、領土拡張が主張され、軍事行動がエスカレートした。イタリアのエチオピア侵略（一九三五年）、ドイツのオーストリア併合（一九三八年）とチェコとポーランド侵略（一九三九年）。そして日本の満州事変（一九三一年）である。

＊ファシズムの語源であるファッショは、古代ローマ帝国時代の支配の象徴とされた棒束（facsio）であり、イタリアの社会党員であったムッソリーニが自らの大衆運動の政党をファッショ党と名付けた。この種の政党は、ナチ党と同様にその運動の資金源がどこにあったのかを見ておく必要がある。ムッソリーニの資

金源は当時の支配階級である資本家や地主であり、ヒトラーの運動も労働者政党の勃興を恐れたそうした社会階層によって支えられた。

軍事行動を進めた人物はヒトラーであり、ムッソリーニである。日本では、陸軍出身の田中義一首相（一八六四〜一九二九）である。ヒトラーが一八八九年生まれ、ムッソリーニが一八八三年の生まれを考えると、田中は一世代ほど上の世代である。田中内閣の課題は金融恐慌への対処であり、震災復興事業や農村対策など積極財政を展開しつつ、陸軍の軍備増強を公債発行で補った。この点はドイツのヒトラー政権下の経済政策とも共通した。

もう一つの共通点は共産党など無産政党への弾圧であった。日本の場合、第一回普通選挙では、「治安維持法」の下であったが、労農党などの立候補者が当選した。外交面では、若槻内閣下の不干渉・協調主義から中国への高圧的な外交へと転じた。山東出兵も第一次にとどまらず、第三次までエスカレートした。日本の中国への野心を世界に印象付けた。世界的な軍縮で逼塞させられた軍部が勢いを増した。

その後、陸軍の上層部の主導権争いは軍内部の分裂を呼び寄せた。これは、最後までヒトラーの統制が及んだドイツ軍の動きとは異なる。田中は長州閥の山県などの延長上に自分を置いた官僚的な人物である。田中は在郷軍人会や青年団を組織した。だが、ヒトラー・ユーゲントとは比較しがたい。人物としては陸軍の皇道派と統制派への睨みをきかせた独裁者ではなかった。政治家としての信念もよくわからない。ゆえに、政友会の利害関係で揺れ動いた。ファシストとも呼べないし、彼の思想をファシズムとも呼び難い。

しかし、田中の軌跡は国家主義的・領土拡張的であった。それは主なきファシズムであった。それが日本的であるとすれば、日本的というほかはない。田中の人物像は調整型、悪くいえば優柔不断型。周りの情勢につねに左右された。日本も後進国の習いで、「近代化」を担うのは軍部であった。田中は長州出身の軍人たちに連なる。近代化を担った軍のエリート層である。田中は、中国で戦線を拡大させ、調整型の真骨頂で政治に居座った。天皇に「罷免」されるまで「国家」を迷路に置き去りにした。

昭和三［一九二八］年には、張作霖爆殺事件が起こった。これが中国派遣の軍部の暴走を招いた。この時期のファシズムは、軍という顔のない組織がその集団的担い手であった。組織と集団の根本的相違は、前者が目的をもつ集団である。それは集団的暴力以外の何物でもなかった。その目的も情勢対応的なものであった。日本は国家として海図なき航海へと漕ぎ出した。

経済学者の大内力（一九一八〜二〇〇九）は、『ファシズムへの道』で田中義一の人物像を「毀誉褒貶さまざまの評価がくだされているが、いささか小ずるいところのある野心家であったことは事実としても、それほど政治力をもった大悪党とは思えない。むしろ決断力のないけちな人物で、大きな見通しのうえにたって日本を率いていくだけの力倆がなかったために、とりまきに勝手なことをされ、大ミソをつけたということであろう。凡俗な人物が重大な責任ある地位につくことは、しばしば大悪党が権力を握るよりも悪い結果を生むものである」と容赦ない。

田中は陸軍の中で権力闘争を勝ち抜いた人物である。組織外の識見は別であった。他方、当時の農村の疲弊を象徴した小作争議や、大恐慌下の工場労働者、中小商工業者など困窮の下で結成された労働者政党や左翼政党は、組織内分裂を繰り返すだけで、政府に政策変更をもたらす力とはなりえなかった。ヒトラーは親衛隊の恐怖政治により権力基盤を確かなものとした。軍人政治家の田中は、特高や警察の取り締まりや「善導」で昭和の政治を進めた。

田中は軍部を背にして首相に上り詰めたが、夜郎自大となった陸軍を抑えることができなかった。元勲政治家の反発を招き、天皇によって「解職」された。田中の解任後、政権スキャンダルが次から次へと出た。田中は辞職後二か月後に急死した。重心なき日本政治の迷走の始まりであった。その後、経済不況は長期化した。

田中内閣の経済政策の課題は、そのまま浜口内閣へと継承された。インフレと不況の共存は、当時の日本国民を痛めつけた。社会不安は深まった。日本の政治家たちも不況を甘くみた。資本主義のあり方が大きく変化していた。そのことは見過ごされた。日本の展望なき金解禁は、台風の下、内部の軋みが激しい家の窓をすべて開け放ったような結果となった。日本の保有金は瞬く間に流出した。

商品相場や株式市場も崩壊するほどに、経済は混乱した。倒産と会社の減資が続いた。企業は自己防衛に走った。生存競争の下、従業員を解雇しつつ、大企業はカルテル結成と他社の吸収合併で生き残りをかけた。困窮する国民を置き去りにした企業の生き残り策は、国民生活を一層窮乏化させ、社会不安を深化させた。農村の窮乏化も目を覆うばかりの状況となった。農民運動や労働運動の急進化の背景である。官憲の取り締まりと農民・労働者の反発の「いたちごっこ」の始まりであった。

官憲弾圧の強化は、農民・労働運動を激化させた。農民の没落はドイツと同様に国家の「土と血」の民族主義への傾斜を強めた。ナチ党のこの表現は日本でも使われた。前述の大内は、「財産や生産を共同にしようと説く社会主義は、本来、自主独立の小生産者たる農民には、どうしてもなじめないのである。むしろ農民が求めるのは、農民が小生産者として安泰に生活できるような牧歌的な社会であり、いわば資本主義以前の――といって封建社会といった具体性はむろんない――空想的な『王道楽土』なのである」と前置きしたうえで、つぎのように農民「思想」とファシズムとの関係を分析する。

「ファシズムとの親近性は明らかになろう。ファシズムは、それが権力に近づくにつれて、むしろ独占資本との結びつきを強め、事実上その利益追求に奉仕するような政策を展開せざるをえなくなるものなのであるが、少なくともそれが下からの運動として勃興してくる過程では、資本主義体制にたいしては反対の立場にたち、体制の変革を求めていた。それが国家社会主義と称するのも、そこに理由があった……同時にそれは、社会主義――とくに具体的にはマルクシズムという思想および運動として存在した社会主義にたいしても、はげしく反対し、敵意を燃やしている。……資本主義と社会主義にたいしても歴史上の具体的な体制のいずれも否定してしまえば、そこから、歴史的感覚の喪失、その方向性の欠如しかでてこない。」

大内は、当時の風潮を「ファシズム」ととらえた。その対抗勢力たるべき「社会主義者」たちは、ファシズムと戦う前に内部的に分裂ばかりを繰り返した。大内は問う。「社会主義勢力がなぜこのように分裂し、たわいもなく押しつぶされてしまったのか」と。大内の指摘した「小さな派閥関係と個人的つながりが政治の基本理念にしばしば優先すること」、「目前の利害と相互の不信感が政治行動を規定すること」などは現在の日本政治の姿でもある。選挙協力すらできない野党の姿であり、まずは選挙に勝ってあとで利益を分配する自民党に勝てない姿がわたしたちの眼前にある。

当時の経済運営は、米国のニューディールだけが注目される。米国も日本もドイツ産業合理化政策の自国への適用に関心が高かった。日本でも産業合理化運動が盛んになった。その中心は臨時産業審議会であり、推進部隊は商工省に設けられた臨時産業合理局であった。政策の実質は生産性向上運動であった。生産性の低い旧式設備から新設備への切り替えに並行して、人員整理、賃金の引き下げが行われた（＊）。

＊これは生産コストの削減であり、同時に販売価格の引き上げによる利益向上が図られた。後者は、企業合同とカルテルによる需給調整政策であった。ドイツや米国などだけではなく、日本でも結成カルテル数は増加した。これは国家公認の強制的な需給調整策でもあった。重要産業統制法が制定されたのもこの時期である。

ファシズム型の国家主義の経済面は、政府の私経済への介入であり、資本財や中間財の企業の合同合併とカルテル結成を促した。これは政府主導の半ば強制的な経済政策であった。他方で、農民や都市の労働運動は厳しく抑え込まれた。この意味で、国家が全面的に国民を指導する意味で、「国家主導主義」は「ファシズム」よりはわかりやすい。これが一層顕著になるのは、第二次世界大戦の下での軍事経済体制への転換である。

自由主義の米国でも、民需を大幅に制限して、資源を軍需生産に振り向けた。武器生産を単一目的とする国家主導経済の効率性がそこにあった。各国とも、国家主導経済の政策思想が生まれた。ルーズベルト政権のニューディール政策は社会主義的取り組みとして、ウォール街の反発を招き、元高級軍人によるクーデター計画もあった。これは当時の日本の五・一五や二・二六事件を彷彿させる。日本の経済政策は、産業合理化の推進のほかに、平価切下げによる輸出振興策も実施された。だが、それは対外的な緊張を高め、輸出市場を求める対外膨張を推し進め、やがて軍事行動へと発展した。ドイツの「生命圏（Lebensraum）」は、日本の「生命線（Life line）」であり、ファシズムの共通思想がある。

ドイツの場合の国家主導思想は、議会主義の否定であり、「全権委任法」に象徴された。国家の全権はヒトラーに委任された。日本でワイマール体制のような議会主義が成立したかどうかと問えば、大正デモクラシー（＊）が過大評価されている。それは、「半熟議会主義」であり、「国家総動員法」をそのままドイツの全権委任法に等値できない。

＊大正デモクラシーの内実については、つぎの拙著を参照。寺岡寛『通史・日本経済学――経済民俗学の試

み――』信山社（二〇〇五年）。

ドイツとの相違点は、ヒトラーのような独裁者がいなかったことだ。日本は軍部など顔のない組織という独裁者であり、若手将校の相次ぐクーデター未遂などにより、政治家たちがテロリズムに萎縮した。暗殺や陰謀渦巻く暴力政治は共通した。農民や中小商工業者たちには、財産権の否定と経済集団主義を掲げる社会主義・共産主義思想への忌避があった。これも両国に共通した。他方で、大企業集団―財閥―に象徴された資本主義への反発があった。

反社会主義・反資本主義の構図の下で、ドイツではナチス思想のような国家主義が入り込んだ。社会主義労働者党ということで、社会主義に傾いた労働者を取り込み、国民ということで農民や旧中間層を取り組んだ。日本では、国家と国民を象徴した「天皇」制が強調された。前述の大内自身はこれを「無責任体制ファシズム」と呼んだ（＊）。

＊ヒトラーの政権獲得までの大衆組織としてのナチ党の組織づくりや、選挙での多数派の形成までの歩みは日本には見当たらない。日本では天皇を掲げることで、ヒトラーのような大衆扇動運動の必要はなく、次々と登場した政府首脳はきわめて状況対応的であり、自らの立ち位置をファシズムとも考えていなかったのである。ヒトラーやムッソリーニにファシズムの典型をみた米軍占領当局にとっては、ニュルンベルク裁判のやり方と思い入れで東京に乗り込んできた法律家と同様にファシズムの箱を開けてみれば、そこには空気しか入っていなかったような感じがしたにちがいない。これは現在の日本政治の特徴にも通じる。

わたしたちのファシズム研究は始まったばかりかもしれないのである。

日本ファシズム論

ここで取り上げたのは、百年前の社会状況である。そうした歴史を明らかにする研究は容易ではない。しかも異なる歴史をもつ国との比較研究は一筋縄ではいかない。新約聖書学者の田川健三は、歴史的類比という分析方法を重視する。田川は『歴史的類比の思想』で、「歴史の研究が客観的であって悪いわけはない。いわゆる客観主義史学が間違えるのは、知識の精密な正確さを期そうとするところから、資料に書いてあること以外には何も考えまいとするからである。その結果、自分では意識してそうきめつけるつもりはなくとも、彼らの描く歴史はおのずと、資料に書いてあることしか事実として存在していない、という奇妙な前提の上に成り立つことになる。……資料に書いてあることなどは歴史のごく一部、それもごく表層の一部にすぎない」としたうえで、つぎのように「歴史的想像力」と「類似の歴史的状況把握」の重要性を指摘する。

「歴史的動きの広範な基盤をなす民衆のあり様など、普通は資料には書いてない。たまにほんの少しの言及があったとしても、たいていは、その時代の権力に近い知識人のあまりあてにならない観察にすぎない。歴史の研究とは、つまり、そういう表層的な、かつゆがんだ性格の資料によりながら、資料に書いていない広範な基盤へとつき進むことであり、そのためには、歴史的な想像力を必要とする。想像力は決して主観的な恣意ではない。事実のひろがりをとらえるためには、創造力が欠如したのでは、かえって恣意的な偏狭さにおちいる。……この場合、想像力と言っても、単なるお伽噺的な想像では意味をなさぬ。歴史的状況をよくとらえることから、類比により資料の背景についてつき進むことである。」

歴史的想像力。なんと大事なことなのだろうか。いまもむかしも、閉塞感があったであろう。だが、現在の閉塞感は、しばしばファシズム的風潮であるとか、ソフトなファシズムとされる。この文脈で語られるファシズムとは、独裁的な指導者の掲げた国家主義とは明らかに異なる。それは特定のファシズムではなく、ある種無色透明の気分が言語化、あるいは言語化されない状況である。

それをファシズム的といっているにすぎない。そこには、ダイバーシティとか自由であるとか多様な価値観が重視されるようになった時代と言いながらも、見えない同調圧力がある。強制ではないが、表面的言動や行動に同調しなければ、排除されるような状況がある。かつての国家のためというハードなものではなく、それがソフトな排除を内在させているところに、ソフトなファシズムという状況がある。もっと適切な表現があるかもしれない。

日本ファシズム論を展開する思想史家の片山杜秀は、ファシズムとはある種の「状況論の用語」とみる。必然、状況をとらえる立場により、それは異なる。評論家の斎藤貴男もそのような論者の一人である。ポイントは、ファシズムの担い手と受け手との関係なのではないのか。感じるか・感じないかは人の感性次第となる。客観的な基準などはない。現在のファシズム論が状況論であるとすれば、ファシズムの状況的なものは経済的不安定期に特徴的である。片山自身も、佐藤優との対話集『現代に生きるファシズム』でつぎのように指摘する。

「ファシズムという曖昧な言葉も、一応はかなり意味内容を絞れてきます。それは資本主義の危機の時代に、没落する中間層、あるいは中間層以上になれるつもりだったのに、社会のせいでうまく行かないと信じている階層の、希望の星として現れて来る。……とりあえず、自らの自由を先に少しばかり差し出してしまっても、みんなで束ねられることで互いに助け合おう。束ねるから、束ねられろ。その回路にはまらないともはや生き残れないと信じる人たちが、ファシズムの運動者やそのシンパになり、束ねを全社会に広げて行こうとする。

そういう立場の、つまりファシストからすると、ファシズムとは、自分たちの衰弱した自律性を少しでも回復しようとするために、みんなで助け合おうとする運動である、ということになると思います。資本主義の危機の中で傷ついた個が、自由を回復するために、いったん集団に身をゆだねる運動である、とも言い直せる。束ねられることで、失われたスペース、もしくは獲得予定だったのにブロックされて入れなくなったスペースを、かえって取り戻せる、獲得できるつもりの運動がファシズムです。」

このような片山の「ファシズム」論の特徴を整理すると、つぎのように要約できよう。

（一）社会階層との関係では、「資本主義の危機の時代」の下で衰退の危機にある「中間層」の信条かつ心情であること——社会的上昇が困難となった中間層の自身の「自由」を守るために、不安な自己の回復と経済的地位の向上を「束ねる」運動者たちに自分たちをゆだねること。

（二）主義としてのファシズム——「自由」に制約を加えると思われる社会主義や共産主義とは距離を保つ「イムズ」であること。

（三）情念としてのファシズム——不安定な資本主義の下で、不安定な人々が束ねられた人との同調的な情念こそが「何らかのファシズム的状況」であること。

（四）ファシズムのドイツ・イタリア型と日本型——ナチスは人種差別や民族差別を掲げることによって当初はドイツ国民を結束させたが、そのことで社会全体を包むことはできず——したがって、他国も——、長続きせず、その結束の糸を細くさせた。つまり、「敵を排除しているうちに束の太さも細くなった」。これに対して、日本型はつぎのように整理された。

つまり、「日本ファシズムは、天皇という現人神を束ねに用いたので、国民を幅広く結集し、命を捧げさせる方向では、絶大な力を発揮」できた。だが、天皇の存在をヒトラーなどの独裁的指導者と同列に置くことはできない。天皇の権威を利用する軍部という顔の見えない組織が入り込み、責任「者」なき国家主義としてのファシズムを成立させたともいえる。私も同様に考えてきた。片山自身はそれを「未完のファシズム」と名付けた。

片山は「資本主義は今日、深刻な危機を迎えているでしょう。石原莞爾（＊）風に言うと『資本主義最終危機』ではないでしょうか。ファシズムの本当の出番はこれからなのかもしれません」と指摘する。ある種の警鐘である。だが、資本主義の危機論は、かつての危機の時代と今日を同列に置くことには無理がある。必然、ファシズム的心情にも変化があって当然である。この意味で、「未完のファシズム」は続くだろう。

＊石原莞爾（一八八九〜一九四九）――山形県出身の陸軍軍人（中将）。駐在武官としてドイツ滞在経験をもつ。ドイツの対ソ戦敗退を予想。満州の関東軍参謀。著書に『世界最終戦論』（一九四〇年）がある。

では、ファシズム的心情とはなにか。面白い調査結果がある。精神分析学者エーリッヒ・フロム（一九〇〇〜八〇）のフランクフルト時代の仕事である。フランクフルト大学・精神分析研究所にいたフロムは、社会研究所（一九二四年設立）の調査プロジェクトに参加した。一九三〇年といえば、ヒトラーのナチ党が議会選挙で議席数を大きく伸ばした時期であった。フロムたちは、外面的な政治信条と内面的な心情との関係を明らかにしようとした。当時の研究参加者のほとんどはユダヤ系ドイツ人であり、ナチス政権下で結果が公開されることはなく、その一部だけが知られたにすぎなかった。全文公開はフロムの死後であった。

フロムの「第三帝国前夜の労働者と俸給者――社会心理学的調査――」（邦訳『ワイマールからヒトラーへ――第二次大戦前のドイツの労働者とホワイトカラー――』）から、当時の調査結果「ドイツ国民の心理的特徴」を紹介しておこう。労働者――熟練と非熟練のブルーカラー――と俸給従業者――ホワイトカラー――対象に、個人的な考え方とそのパーソナリティの構造を明らかにする目的の調査票が配布された。配布総数は三三〇〇通であった。一九二九年に配布されたが、最後の回収は一九三一年であった。すべて回収されたものではない。フロムの元に届けられたのは配布総数の三分の一程度であり、さらに有効回答数ではその半分程度――五八四人――であった。回答割合では男子が圧倒的であった。

具体的な調査内容は、パーソナリティを示唆する鑑賞映画や読書の傾向、住宅事情、当時の企業の合理化・労働・子供の教育への意見、同僚・上司への態度、支持政党や国家制度等々である。フロムは調査の目的と意義について、つぎのように指摘した。

「私たちの研究のもう一つの目的は、社会学的研究方法自体に関連していた。近年、アンケート方式がしばしば用いられることから、回答者の意識的な陳述を、単に記述することと、統計的に計算することだけでは、大した結果は得られないという確信が大きくなった。とりわけ、ある調査の目的が、被調査者のパーソナリティに関係するものを見つけ出すことにあるならば、アンケートの回答を、うわべの意味だけに従って提示するのは、正当ではないと考えた。さらに私たちは心理学的研究の基本原則に基づいて、ある人間が、自分の思想や感情について述べることは、主観的にこの上なく正直であったとしても、そのまま額面どおりに受け取ることはできないのであって、それを解釈しなければならない、と考えた。あるいは、もっと正確に言えば、何を言っているのかのみ重要なのではなく、なぜ言っているかもまた、重要なのである。したがって、回答はただ記録するだけでなく、内容を解釈しなければならないのである」（佐野哲郎他訳）。

いまでは、このやり方は当たり前の調査方法であるが、当時として斬新であっただろう。回答の具体性よりも「どんな風に答えたか」に、心理学的アプローチの意義があった。自由回答欄も設けられた。自由記入の「解釈的分類は、研究者の側が調査問題について精通していることを前提」として、「心理学的解釈全般の方法論的知識と、抑圧、合理化、反動形成のような特殊なメカニズムについての理論的知識とであった。……研究者がこの要求を満たしうるならば、解釈的分類の適用は、純記述的方法に劣らぬ客観性のある成果をもたらすのである」とされた。現在でも重要な視点である。

回答者の性別、年齢別、社会的地位などと調査項目との相関関係のうち、性別と収入の関係は「最も不毛な結果」とされた。半面、「年齢が回答態度を決定する強い要因である」という指摘はきわめて興味深い。個別質問項目では「あなたの考えでは、今日国家の実権を握っているのはだれですか」は、ワイマール憲法下の国民意識を問うたものだ。この傾向に関しては、フロムは「平均的な賃金労働者や給与所得者にとって、自分の手の届かない〈大企業〉を批判することは、多くの者がその仲間入りすることを生涯の目標としている小企業を含めた全体制を批判するよりは、はるかに容易である。ナチスの宣伝は、この気持ちを巧妙に利用した。そして、トラストの力を砕き、大地主の土地を分配すると約束することによって、多くの支持者を獲得したのであった」と振り返る。慧眼であった。

政治的支配の意識では、ブルジョワ政党支持者の回答拒否が社会民主党支持者と比べて目立った。人格化した「敵」の意識では、銀行や証券取引所は「資本家」に比べ具体的だが、回答者は少なかった。ドイツ人は苦境時にユダヤ人を連想する傾向にあったとされた。世界大戦の防止という調査項目では、ナチス支持者の好戦性が目立った。

現在の若者意識にも通じる調査項目は、「個人は自分の運命に責任があると思いますか?はい・いいえ」という問いである。「個人の運命は社会的・経済的状況によって決定されるという左翼政党の信条は、回答の多くに浸透していた」ことは、回答者の属性に関係なく広範にみられた。結果、社会変革運動への参加という意識向上の傾向もあった。ドイツの現状を個人か社会の責任かとする回答項目では、回答者が失業状態にあるかどうかに依拠していたとされる。

政党別支持との関係では、ナチス支持者は左翼政党支持者とは異なり、「多数が個人の責任説」をとった。フロムは「この態度には、ナチスのイデオロギーの影響がはっきりと認められる。それは〈生存競争〉においては最強者が勝利を占め、敗者は弱すぎたがゆえに敗者となるのだという立場を代表するものであった。ブルジョワ政党支持者もまた、比較的高率の肯定的回答を示し、ナチスと――見たところでは――まったく類似している」とみた。この傾向は、現在の若者たちの「自己責任」意識にも通じる。

フロムは、ナチスの党勢拡大のプロパガンダについて、「反抗的感情のはけ口を与え……彼らが戦いをいどんだ権力のシンボルと権威は、ワイマール共和国と金融資本とユダヤ人であった。同時にこの新しいイデオロギーは新しい権威を打ち立てた。……新しいこのイデオロギーはまた二つの欲求を同時に満足させた。反抗的成功と全面服従の潜在的願望とであった」と指摘した。ナチスのプロパガンダは反社会主義で反資本主義であったとはいえ、政治資金は大企業とつながっていた。

実際のところ、軍需生産体制への急速な転換は大企業の協力なしに困難であり、軍需生産体制の受益者は大企業でもあった。反資本主義とはいうものの、そこには矛盾があった。また、反社会主義とはいうものの、ナチ党は労働者政党を名乗った。これにも矛盾があった。その矛盾がヒトラーという人物において緩和された。そこに、ドイツのファシズムの特徴があった。ファシズムとは、矛盾の割れ目に容易に入り込む。

いまからみて、一世紀ほどまえのドイツ国民の意識調査をどうみるか。ナチ党支持層は、農民を含む旧中間層であり、彼らの支持なくしてはナチ党の急伸がなかった。その行動パターンやそれを支える心情などを探ったフロムの調査は貴重なものであった。

フロム自身は、ユダヤ人への迫害が激化するなかで、一九三九年に研究所をデータとともに去った。著作としての本調査の出版は一九八〇年ということで四〇年後の公刊となった。その後のフロム「社会心理学」の確立は、このデータの活用と大いに関係があったとみてよいだろう。

終章　将来展望論

「社会問題を洞察するには、大きな誤謬を克服しなければならないのです。経済制度さえ変革できれば、他の社会制度もおのずから正されるという誤謬をです。この誤謬が生じたのは、経済生活が近代になって、あまりに一方的に成長してしまったからです。人びとはその強い力の暗示にかかっています。」

（ルドルフ・シュタイナー（高橋巖訳）『社会の未来』春秋社）

日独比較論の行方

なぜ、日本はドイツを理想国とみなすのか。日本側の意識の根元は何か。本書では、回り道を覚悟で、いろいろ論じてきた。

ある国をモデルとするのは、相手側にも同種の課題と解決策がある、という思いこみがある。そうだとしても、その国の解決策には、その時期の条件があった。模倣側はその条件を自ら作り出せない。このずれは、模倣政策による新たな問題を生む。結果、モデル国にも未経験の問題と課題が浮上する。模倣国はこの点を十分に認識しなければならない（＊）。つまり、自らの問題と時代的な位置づけへの理解が不可欠である。

＊本書ではこれ以上深入りしない。たとえば、中小企業政策についてには、つぎの拙著を参照。寺岡寛『中小企業と政策構想――日本の政策論理をめぐって――』信山社（二〇〇一年）、同『日本の政策構想――制度選択の政治経済論――』信山社（二〇〇二年）、同『中小企業政策論――政策・対象・制度――』信山社（二〇〇三年）、同『中小企業の政策学――豊かな中小企業像を求めて――』信山社（二〇〇五年）。

日独比較論には、基軸の設定が大事である。現在も過去も、日本とドイツの実情に自覚的でなければならない。これがなければ、それぞれの将来像は描きにくい。ドイツ理想国の根拠の一つは、ドイツの科学技術への「畏敬」であった。明治初期、岩倉具視ミッションに参加した久米邦武（一八三九〜一九三一）は、欧米列強へ「技術的」キャッチアップ期間を四〇年程度とみた。四〇年と見たのは久米の慧眼であった。留学生を送れば欧米で学ぶことができ、機械も輸入できた時代である。だが、ドイツは日本人にとってまぶしかった。ドイツへ追いつくため、科学技術への関心は高かった。

軍事技術では、ドイツの優位性は化学工業にあった。天然資源なきドイツにとって、火薬原料の確保は死活問題であった。カールスルーエ工科大学のフリッツ・ハーバー（一八六八〜一九三四）は、第一次大戦の直前に「空中窒素固定法」を確立させた。カール・ボッシュ（一八七四〜一九四〇）は、この化学合成の工業化に成功した。窒素は肥料の重要成分であり、アンモニアの合成から硫安となって肥料となる。同時に、火薬の製造は土壌の硝石（硝酸カリウム）をチリからの輸入に頼っている限り、困難であったが、空気中の窒素からの化学合成の発明で原料入手の制約はなくなった。軍事用車両や戦車も、ドイツ機械工学のレベルの高さを反映した内燃機関の発展なしには戦場で活躍できなかった。

ナチ政権の軍需体制＝総力戦体制には、研究者や技術者の協力が不可欠であった。ドイツの軍事体制は、軍産複合体制であった。それを支えたのは産学連携体制にあった。技術は中立的であるが、その利用はその社会のあり方を反映する。その善悪観も、何かのために「役立つ」か「役立たない」の視点も、その社会のあり方に帰結する。

現在の「オープンイノベーション論」でも、産官学連携が強調される。この考え方の系譜の一つは、ドイツ近代化のあり方にも起源する。これは日本近代化のモデルでもあった。

明治維新後、アフリカや南アジア、そして東アジアの資源と自国製品の市場獲得に欧米列強の虎視眈々とする国際情勢の下、日本は早急な近代化――工業化――を追い求めた。ドイツと日本は、輸入製品の置換を促す国産化と軍備増強が、技術の導入という点で見事に合致した。

日本は早急な近代化を進めた。工業化の先進モデルとして、フランスモデルや英国モデル、米国モデルよりもドイツモデルに注目した。フランスモデルは、江戸幕府末期の徳川官僚が目指したモデルであることが忌避された。英国モデルは長州や薩摩出身の官僚たちが興味を抱いたが、追い付くには時間がかかると思われた。

実際には、多くの人が米国で勉強しようと海を渡った。ただ、王室を持たない民主主義国家の米国モデルは、日本には不向きと暗黙裡にとらえられた。消去法とまではいえないまでも、ドイツが選択された。とりわけ、技術系の大学教員のみならず、陸軍の若手軍人のドイツ留学が目立った。他方、海軍は海洋国家英国の造船技術に魅入られて、軍艦の運用などの取得も含め、英国留学組が多かった。

日中戦争下、企画院の進言によって内閣に設けられた科学審議会の幹事・藤沢威雄――企画院科学部出身――は、天然資源の輸入途絶によって、「不足資源の科学的補填」＝「科学動員の任務」であり、ドイツが産官学の取り組みによって、軍需資材の補給で優位にたったことを指摘している。科学史家の山本義隆も、『近代日本一五〇年――科学技術総力戦体制の破綻――』で、日本の科学・技術テクノクラートの役割に着目する。たとえば、前述の空中窒素固定法についても、ドイツ重視の化学者の加藤与五郎（一八七二〜一九六七）の論文をつぎのように紹介している。

「『今日資源研究の意義は重大である』と題し冒頭に『我邦は持たざる国』であると断じたエセーで、第一次大戦のドイツを挙げて『人力能く自然に克つという感を深くした。それで化学者が国民国家のために努力し如何に成果を収めるのかの手本が示された』と記している。……科学は、その資源問題解決のためのオールマイティーと考えられていた。」

ここでも化学先進国としてのドイツ理想論があった。工業火薬も、ドイツ技術の優越性が強調された。同時期、米国も軍需生産体制へ向かっており、ドイツと同様に統制経済体制化しつつあった。ドイツや日本の体制が全体主義国家体制＝ファシズム体制ととられたが、米国もまたそうであった。当時の軍産複合体制は、朝鮮戦争、米ソ冷戦体制、そして現在まで継続されている。

科学と軍事はつねに結びつき、先端技術を形成する。その一部が民間経済にも適用されることで、軍事技術の面が忘れ去られてきた。先鞭をつけたのが全体主義国家ドイツであったとしても、それを完成させたのは民主主義国家米国であったことは皮肉である。日本の場合、明治後半から大正期に民間部門の発展が定着しはじめ、多くの企業が生まれ始めた。国家の介入の度合いも相対的に減じた時代である。

しかしながら、昭和に入っての軍事経済体制の下、総力戦が意識され、再び、国家主導の経済運営、とりわけ、軽工業部門から武器製造に不可欠な重工業部門への早急なシフトが意図された。日本や米国ですら、ドイツの産業合理化政策による経済の立て直し体制に注目した。産業合理化政策は、ドイツの再軍備強化の下で軍需産業の振興を中心に展開した。日本の経済官僚も、ドイツの政策を丹念に研究し、同様の政策と制度を模索した。日本では統制政策や産業統制政策の名称の下で実施された。

英国でもドイツと同様に、電力の国家管理という国家統制色の強いエネルギー政策が取られた。日本もまた、電力以外にも重工業部門で「経済新体制」の確立をはかった。ドイツでも、産業経営は民間経営者であっても、国有でない以上、その自主性を尊重しなければ、事がうまく運ぶはずもなかった。ナチス政権も「公益優先原則」を掲げつつも、民間企業の私益確保を排除しなかった。とはいえ、統制を強めたナチス政権と民間経営者の間にも対立が存在した。

ドイツ経済史家で日独比較研究者の柳澤治も、「ナチス・ドイツと資本主義——日本のモデルへ——」で、ドイツ流の統制強化の官僚について、「ナチス的経済思想は……伝統的な日本的観念に接木されたのである。しかしこの日本的観念はナチズムにおける民族共同体の観念に対応するものであり、『世界観』の強調と強要という点でナチス・ドイツとこの点において共通したのである」と指摘する。

といっても、政府がすべてを統制管理できるはずもない。ドイツと同様に日本でも、経済団体が活用された。その一例は商工会議所であり、その権限を強化して国家寄りの再編が意図された。日本商工会議所の機構改革案は、当時の会頭であった伍堂卓雄（一八七七〜一九五六）の下で作成された。伍堂の経歴は、財界出身ではなく海軍の造兵軍人出身であり、満鉄に関係し、満鉄理事、鉄道大臣、商工大臣、農林大臣などをへて会頭に就任するなど異例のキャリアをもつ人物であった（＊）。

＊すこし伍堂についてふれておこう。東京生まれの伍堂は東京大学工科大学造兵学科で造船工学を学び、卒業後に海軍に入り、呉海軍工廠の責任者となり、造兵中将となっている。その後、伍堂は、満鉄顧問となり朝鮮に設立を予定されていた満鉄の関係会社の昭和製鋼所の設立準備のために、ドイツへ渡っている。その頃は戦間期であり、ヒトラーが登場して、ナチ党が国政選挙ではじめて議席を獲得した躍進する前夜の

ような時期であった。伍堂もナチ党にも興味をもったに違いない。

帰国後、伍堂は京城に建設された昭和製鋼所の社長と満鉄の理事に就任した。その後は、伍堂は政治家となり、昭和一二［一九三七］年に林内閣で商工大臣——鉄道大臣兼務——として入閣、同年に貴族院勅選議員となった。翌年には、東京商工会議所会頭となり、日本商工会議所会頭も兼務した。昭和一三［一九三八］年に阿部内閣で商工大臣と農林大臣として入閣した。商工省では、満州にいた岸信介を呼び戻し、次官に抜擢している。伍堂は、その後も、日本能率協会の会長、軍需省の顧問として軍需生産体制に関与している。

伍堂は、ドイツの経済統制体制から「大いに学ぶべき」として、ドイツと同様に民間の経済団体を取りまとめる組織として商工会議所を位置付けた。だが、日本にヒトラーのような独裁的指導者がいない以上、上からの産業別の統制の限界も意識された。他方、日本経済連盟などは、日本商工会議所主導の産業界の統制には反発した。

柳澤は、「もともと日本経済界は、ナチズムやナチスの体制に対して著しく懐疑的ないし批判的であった。そのナチス観に転換を生じたのである」と指摘する。経済界の認識では、ナチス流の統制は日本では困難であった。日本の経済界は、ドイツを理想国としつつも、軍部や商工省などの経済統制派とは異なり、より冷静に日独の相違を見ていた。

ドレフュス事件再訪

ドイツへの戦後の関心は、短期間で経済復興を成し遂げた「同志意識」に起因した。他方、戦前昭和期では、ナチ政権下のドイツ軍の快進撃に惹かれ、日独協定を締結した。これらの意識は、似たり寄ったりだった。日本にとり第二次大戦とは太平洋戦争であり、大東亜戦争であった。隣国の中国や朝鮮との関係の修復について、ユダヤ人迫害問題を戦後に持ち越しつつ、周辺諸国への賠償問題や新たな外交樹立などの対応を続けて来た西ドイツ政府の政策への関心の高さがあった。

反ユダヤ主義はドイツだけではなかった。欧州諸国全域であったことは忘れがちである。ユダヤ系ドイツ人で米国の大学で教鞭をとり、アイヒマン裁判の傍聴記録で時の人となった哲学者ハンナ・アーレント（一九〇六〜七五）が、『全体主義』でフランス陸軍でのドレフュス事件から始めていることは印象的である。

二度の大戦の戦勝国フランスでも、反ユダヤ主義が陸軍内部でも強かった。「鞍馬天狗」の作者として印象が強い大佛次郎（一八九七〜一九七三）は、昭和五［一九三〇］年、雑誌『改造』に「ドレフュス事件」（＊）を連載した。

＊事件の発端は、フランス陸軍のドイツ側への機密文書の漏えい問題から始まった。フランス陸軍内部のスパイの存在が疑われ始めた。ユダヤ系フランス人の砲兵大尉アルフレド・ドレフュスがスパイ容疑で逮捕された。証拠は筆跡のみであった。一八九四年のことであった。当初はフランス陸軍内部で処理された事

件であったが、反ユダヤ主義の新聞がこの事件を大々的に暴露報道したことから、陸軍はこの事件を公表し、一二月に軍法会議で終身禁固刑とした。ドレフュスは翌年三月にフランス領のギアナ沖の孤島の監獄に収監され、厳重な監視の下に置かれた。その後、陸軍諜報部長が金銭トラブルを抱えていたフェルディナン・エステラージの筆跡であることを突き止め、真犯人とした。陸軍首脳はこの情報諜報部長を更迭して、事件をもみ消した。

この一件がドレフュスの兄に漏えいしたことで、兄は陸軍大臣あてに抗議文を送ることになる。紆余曲折の結果、陸軍はエステラージを軍法会議にかけたものの、無罪とした。身の安全を案じたエステラージはベルギーを経て、英国へ亡命している。ところが、作家のエミール・ゾラ（一八四〇～一九〇二）はこの冤罪事件を取り上げ、新聞に「わたしは告発する」とした公開質問状を投稿して、陸軍の不正を糾弾した。国民からの再審要求の声も高まった。結果、新大統領はドレフュスを特赦にして、世論の沈静化を図ろうとした。その後、ドレフュスは無罪判決を勝ち取っている。ろくな調査も行わずユダヤ系フランス人であったドレフュス大尉をスパイ犯とした背景には、陸軍内部においても反ユダヤ主義の風潮があったことは言うまでもない。

大佛（＊）が、昭和五〔一九三〇〕年に三十数年前のフランス陸軍の事件を取り上げたのはなぜか。大佛自身は、戦後、亡くなる二年ほど前に、『ドレフュス事件』（朝日選書）の「あとがき」につぎのように記した。長くなるが、引用しておきたい。

＊大佛は、鎌倉に住んだことで鎌倉大仏にちなんだペンネームである。本名は野尻次郎で、明治三〇［一八九七］年に神奈川県横浜市に日本郵船に務める父の下で生まれた。父の希望で、次郎は東大法学部に進学し、吉野作造の影響を受けている。文学少年として育った次郎は、東大在学中に伝奇小説の翻訳や小説の創作などに熱心であったようだ。大学卒業後に、次郎は鎌倉高等女学校の教師をしながら、フランス語が得意なことから外務省嘱託として翻訳業務に携わった。

高等女学校を辞めた次郎は、家族生活のこともあり時代小説家として、稼げるテーマとしての幕末物を書くようになった。鞍馬天狗もその一つであった。しかしながら、鞍馬天狗は子供向け時代小説のかたちをとったものの、そこには次郎のメッセージ性の強い作品であり、それが戦後の数々のノンフィクション作品へと結実していくことになる。『パリ燃ゆ』（一九六四年）や亡くなるまで書き続けた『天皇の世紀』（一九六九年から連載）などはそうである。次郎は職業作家であり、時代小説、戯曲、児童作品、翻訳、ノンフィクション作品、随筆の数は膨大である。

「『ドレフュス事件』を『改造』に書くのに当り、この先輩たち（引用者注――堺利彦、荒畑寒村など）のひそみにならい、平易で興味ある読物にして、軍部と云うものが近代国家でどういう地位を占め、誤った場合には、如何な方向へ国そのものを曳摺って行くかを書こうとした。この昭和五年前後には、日本の軍部が政治干渉のきざしを早くも示し始めていた。国家に於ける軍の地位を、日本のように統帥権に依って『国家内の国家として』それだけ独立を許している国では、事情を充分に理解して警める必要があった。共和国のフランスでさえ、軍が国の危急を口実に制限なく意欲をほしいままにする。第三共和政下にも、幾度かこの現象が起って国家と国民生活の危機となった。独裁の危険を示したブーランジェ将軍（＊）の場合もそれなら、ドレフュス事件も軍部は決して過つことなしとする思い上がった確信から、無実と判っている人間を犠牲に捧げて、軍の威厳を守ろうとした。この圧制に対して目醒めたフランス国民が、如何に闘ったかを、私は日本の読者に知って置いて貰いたかった。ブーランジェ将軍、また、ブーランジスムの危険は、特に雷同的な気質の日本人に噴出する機会を待っているように見えた。明治以来叩き込まれた教育の故もあるが、愛国の熱情が条件なく日本的と信じられ、これに盲従を強いられた。フランス国民がその狂熱的態度に変わりない。その上に日本では、培われた社会遺伝の如くに、周囲からの有形無形の圧迫と、それに心弱く譲って妥協を許し衝突を避ける国民的性格が地下に根をひろげていた。ブーランジスムが育ち易い土壌なのである。数度の革命の経験もあるフランスでブーランジスムが如何にして発生し、社会的に抵抗しようのない強い潮流に発展して行ったか、熱狂し易い我が同胞にも知って置いて貰いたかったのである。ブーランジスムも、ドレフュス事件も他国のこととは考えられなかった。

日本はその後十五年間に急角度に傾斜して軍国主義と成り、支那事変から第二次世界大戦に突入した。ブーランジェ将軍連載中に、ボーリュスの唄が続けさまに日本の町に流れ、大小のブーランジェ将軍の雛型が幾たりも飾窓に出て並ぶように成った。友人の大森義太郎がある座談会へ出て中野正剛に会ったら、『ブーランジェ将軍の悲劇』のことを、あれは明らかに荒木（大将）のことを書いているのだと言ったと、私に知らせてくれ、笑いながら『大佛さん、まだ可怖いの、やって来ませんか』と、からかった。私のは、内輪ではかない抵抗にすぎず、ブーランジスムの浪は、日本でもいつの間にかひろがって四辺を埋めた。」

＊ジョルジェ・ブーランジェ（一八三七〜九一）――普仏戦争などに従軍し、フランス陸軍で頭角を現し、軍改革に乗り出す。軍首脳との対立で、政治家となり、後に国防大臣に就任。反議会主義、憲法改正の大衆運動（ブーランジェスト）を組織し、参加者はブーランジェにクーデタによる政権奪取を期待するが、決行をためらったブーランジェはベルギーをへてロンドンに亡命。ブーランジェ運動は挫折、後に自ら命を絶っている。

執筆四〇年後の文章から、フランスのドレフュス冤罪事件を通じて、当時、大佛の訴えたかったことが改めてわかる。

大佛は、『ドレフュス事件』の冒頭で「この平凡な一砲兵大尉の名が、後の疑獄から欧羅巴（ヨーロッパ）全土に伝わることになった」ドレフュス事件の概要を紹介した。大佛は、「猶太人（ユダヤ人）」問題は日本の読者にはわかりづらいことを想定して、つぎのような解説文を作中に入れている。「猶太人が過去を一貫してどんな待遇を受けて来たかと云うことは、事柄があまり不条理で根拠のないため、海を隔てている我々には殆ど理解出来ないくらいである」。そして、自らの体験談を披露する。

大佛が旧帝政ロシアの外交官との会話のなかで、レーニンやトロツキーの名が出たときに、「『彼等はジョウだ。』と云う一語で、きたないものを避けるようにその話を避けて終ったことがある……『なぜ、猶太人であることが悪い？』と、私は極く自然に反問してから、この質問がひどく相手を考えないものだったと気がついた」と述べている。こうした人種差別感情が欧州人の日常的感情の深層なのかどうか。深層であれば、日本人にもわかりづらい。大佛は欧州でのユダヤ人の問題をつぎのように記した。

「猶太人への蔑視は、欧羅巴人が十数世紀を批評の外に置いて来た心のくら闇の部分なのである。宗教的な信仰と一緒に、闇のまま祖先から伝えられて来て疑わずに、猶太人をけがらわしいもの、きたないもの、人道外のものとしてきたのである。

仏蘭西の大革命は、この禁断の区域に手をつけて精算しようと試みた。輝いた千七百八十九年が、この部落（ゲットオ）の人々に、人権を回復した。……大衆は、絶望的なまでに動かない海なのだ。……普仏戦争の後、猶太人の仏蘭西に住む者が際立って多くなっていた。勤勉な彼等の社会的の進出が目立っていた。」

当時、フランス革命の「自由、博愛、平等」の下で、ユダヤ人は実業界で勢力を拡大させ、「進歩的な自由主義の立場」をとり、ブーランジェ将軍の専制政治復活へ反発した。また、当時のユニオン・ジェネラル銀行の破綻も、ユダヤ人実業家の陰謀との噂が流布された。

大佛も「この事件があってから財界の破綻が起る毎に、ユダの子孫の陰謀が必ず伝えられることになった。その時分には、相当の企業に猶太系の実業家の参加していないことは稀れだったから、事件の起こる毎に猶太人の名を探すのも容易だったのである。共和国に於ける貴族の軍人と僧侶は、この新しい敵を見付け出したと同時に、国民をこの敵から放して味方に附ける有力の材料を発見したわけであった。猶太人の排斥は僧侶と軍人の国粋主義の運動に有利な標語となった」と当時の状況を紹介している。

皮肉にも、反ユダヤ主義運動は、「自由公論」という新聞を通じて拡大した。ドレフュス事件もこの新聞を通じて拡散した。実際には、エストラージ（＊）という真犯人がいた。ドレフュス事件は冤罪であった。陸軍はこの事件のもみ消しに躍起になった。

＊マリー・エストラージ（エストラアジ）（一八四七〜一九二三）――ハンガリー貴族出身のフランス陸軍少佐。ロンドン亡命後に自身がドイツのスパイであり、ドレフュスの筆跡の偽造書類を作成したことを告白。

小説家エミール・ゾラ（一八四〇〜一九〇二）が、事件を「オーロール新聞」に「わたしは弾劾する」という記事を投稿したことで、フランス国民の関心を高めた。大佛は、当時のフランスの状況を「時代は、日本で云えば日清戦争が済んで露西亜との雲行が険悪になって新しい戦争の準備をしていた時代のように、軍国的であった。殊に仏蘭西人は戦争に敗れて敵の軍馬に首府を蹂躙せられた記憶をなまなましく心に刻みつけていた際である。……ゾラの身辺はまったく危険なものになった。投げた石の反動は意外に大きかった。恐らくゾラ自身もこれを予期していなかったろう」と述べている。

ゾラの記事をきっかけにして、事件の真相を求める運動は、事件の再審へとつながった。真犯人エストラージも召喚され無罪を主張した。大統領は世論を意識して、その後、ドレフュスには恩赦が下された。その後、無罪が確定して、軍籍復帰で少佐に昇進した（＊）。その後、昭和一〇［一九三五］年に、大佛は『ブゥランジェ将軍の悲劇』を発表した。

＊真犯人のエストラージはベルギーをへて英国へ逃亡した。ゾラも身の安全確保からロンドンへ亡命。

欧州の反ユダヤ主義は、その国のナショナリズムと共鳴しやすく、発火しやすかったのは、その時々の国内情勢、とりわけ経済状況に依拠した。現代のナショナリズムもまたそうである。

ナショナリズム再訪

現在、越国境巨大企業（trans-national mega-company）が目立つ。容易には越境できない国民にとって、巨大企業とは異なる自国企業の発展イデオロギーが必要となった。ナショナリズムと同調しやすい自国企業ナショナリズムが必要となった。科学立国主義がそれである。わたしは、「テクノ・ナショナリズム」と呼んでいる。その先にベンチャー企業や起業家精神への信仰がある。米国のセラノス事件の「悲劇」もある。同様の事件は、日本の再生医療に関係した理研スタップ細胞のケースでも起こった。

日米で共通点と異なる点を確認しておく。共通点では、一つめは市場の成長が期待できる医療分野であること。具体的には、セラノスのエリザベス・ホームズ氏は血液診断システムであり、小保方晴子氏は再生医療の分野である。同じ医療分野とはいえ、異なる点は前者が診断で、後者が治療である。

二つめは、どちらも若い女性であること。ホームズ氏は大学で二か月ほど化学工学を学んだだけで中退して、血液診断システムの特許をとり、起業した。後者は生化学分野で博士号を取得し、米国での研究生活の経験をもつ。異なるのは、ホームズが自身の会社で、ベンチャーキャピタルからの豊富な資金を集めて、診断システムの事業化を行ったこと。小保方氏は、元々は国策研究機関の既存大組織で無給研究員の資格で研究に従事していたこと。端的には前者が事業家、後者が専門家である。

三つめは高度に専門的で先進的な分野であれば、多くの一般人にとって理解するのが難しい。ところが、医療や健康の分野ということで、マスコミがこの二人に飛びついた。そのことから短期間に多くの人の注目を集めるトピックとなった。マスコミは状況を単純化させ、報道の焦点を若い二人の生き方――ファッションも含め――にあてた。結果、技術的な課題や事業化の問題点などの報道がぶれた。

四つめは、演出である。共通点はイメージ戦略であった。ホームズ氏は自己顕示欲の塊のような人物であったかもしれない。この若い女性起業家を世に押し出したのは、スティーブ・ジョブズとアップル製品を世界に売り込んだ宣伝広告会社のシャイアット・デイであった。この戦略を強く望んだのはホームズ自身でもあった。彼女は第二のジョブズを演じた。ジョブズとの大きな違いがあった。ジョブズには実際に動くパソコンがあり、アイフォンがあった。ホームズ氏にはアイデア以外何もなかった。

小保方氏の人物像はホームズ氏とは全く異なる。小保方氏は研究室の壁をピンクに塗り、ムーミンのキャラクターで、「リケジョ」の星として演出された。周囲に演出した人物やそれを後押しした組織があった。こちらのほうはプロの広報企業ではなかったはずだ。二〇歳代半ばの本格的な研究者を目指そうとした無給助手を演出せざるを得なかった背景とは、何であったのか。

小保方氏を追い詰め、追い落とし、博士号を剥奪させた力とは何であったのか。この件は、ホームズ氏が刑事訴訟や民事訴訟で問われているのとは、本質を異にする。そこでは、小保方氏の「指導」者と理化学研究所が消え失せて、彼女だけが置き去りにされた。この構図とは何であったのか。

この事件の共通点を四つばかり挙げた。これらは日米比較論にもつながる。個々の論点は日独比較論にもつながる。この作業の前に、小保方氏の肉声を紹介する必要がある。理不尽な小保方バッシングが落ち着いたころ、彼女自身が手記を発表した。『小保方晴子日記』（二〇一八年刊行）である。

この「論文不正問題」については、なぜ、彼女だけが責めを負ったのか。なぜ、著名な研究者を自死に追い込むまで報道が過熱したのか。論文は、小保方氏も「コレスポンディングオーサー（責任著者）の名誉は取り合いになったうえで分け合ったのに、責任は押し付けるのか。など、考えれば考えるほど、はらわたが煮えくりかえる。でももう弁護士にシニアオーサー（最終著者）とコレスポンディングオーサーの違いを説明する元気も出ない」と日記に書き記した。当然の疑問だろう。

博士論文取り消しも、「博士論文のこの実験にNATURE論文で見つかったとされる細胞の混入があったと最初から疑われているのだ。この実験はNATURE論文の実験とはまったく異なる時期に行われたものだ。その当時、混入させるための細胞など、一学生のわたしには入手不可能だった。そのことは研究室の細胞の購入履歴等を管理できる当時の指導教官らもわかっているはずだ。それにもかかわらず博士論文を書いてから三年後の出来事をもとに、博士課程在学時の実験にまで当然のように疑惑の目が向けられている」と記されている。

遺伝子関係でも、すこし前、韓国の著名教授のノーベル賞ものといわれた実験結果と論文が捏造データに基づいていたことが大騒ぎとなった。最先端科学分野では、この種の捏造問題は事欠かない。だが、小保方問題は、こうした捏造問題の前に、おかしなことがあまりにも多すぎる。

小保方氏は、過熱報道とバッシングが下火になった二年後に、自身の歩みを『あの日小保方晴子』にまとめた。小保方氏はスタップ細胞の発見に至るまでの、理研の若山研究室での動きを時系列的にまとめている。工学部で学んだ者ならわかるように、研究室は主催する教授が大きな力をもち、多くのことはトップダウンで進む。日本の大学紛争で講座制が批判されたが、工学系研究室は講座制の雰囲気が残存してきた。大学でいえば、教授や準教授等、その下に助手や実験作業を担当するスタッフ、さらにその下に大学院生や学部生を配するピラミッド的なヒエラルキーがある。

いくつかの無視できない「事実」があったろう。彼女も「事実」を淡々と記述している。一つめは当時の研究室の指導者が、当初から今回のスタップ細胞「捏造」事件の鍵を握る人物であることである。無給研究生であった小保方氏が実験において単独・独立に自由裁量で行える余地は少なく、指導者の指示・監督の下で実験を行っていたようだ。

実験用のキメラマウスなどの管理は指導者が行っていた。「どの系統のマウスを実際に交配し、どの赤ちゃんマウスを私に渡していたのかについての記録はつけられていなかった」という指摘は、実験記録を詳細に残す実験派の研究者にとって、非常識なはずである。小保方氏はつぎのようにも記している。

「私は若山先生が作成したキメラマウスなど論文の主題となる実験結果の補佐となる細胞の遺伝子解析などを任されていたが、解析に用いる幹細胞は培養を担当していた若山先生から受け取り実験を行うようになっていた（後のSTAP細胞の調査の段階で知らされたことによると、若山先生は私を含む若山研の解析担当者らに細胞を渡していたが、培養中の細胞を手渡していたため、複数種の培養されていた細胞の中で、どの細胞を解析者に渡したかについての記録は残されていなかったという）。……」。

これは驚くべきことではないだろうか。二つめの点は、小保方氏の指示・監督者の性急な論文作成や特許申請の背景である。そのころには、「研究に対する主体性は若山先生へと移り、研究の方向性が私の思いとはどんどんかけ離れていってしまった」というように、指導者の「強引さが加速化していくようだった」と回顧されている。真相などは、わたしなど外部者にはわからないままである。

二〇一二年にはｉＰＳ細胞の研究で、山中伸弥氏にノーベル賞が授与された。これは関連分野の研究者に大いに刺激を与えた。この影響は単に科学研究費の増額の可能性だけではなく、ｉＰＳ細胞研究所のような組織の設立予算が認められるなど、個人研究からチーム研究、さらには組織的研究へと時代が移りつつあった。この認識が多くの研究者に芽生えたとしても、おかしくはない。小保方氏も「純粋な研究への興味とは違うものが若山先生の心に中に芽生えているのを感じた」と記された。

小保方氏のこの手記を読むと、彼女はむしろ捏造事件の被害者になる。真犯人説はいずれも状況証拠論ばかりである。とはいえ、マスコミの報道も、若い女性をリケジョの星と持ち上げた分、その引き下げ方はほとんど芸能人のゴシップ記事のようになり、きちんとした科学的な論証をどこかに置き忘れた。

ネイチャー誌に投稿する際に、笹井氏の実績もあり、彼が加わることになった経緯が紹介されている。それまでのカルスからＳＴＡＰ細胞へと名称変更したのも笹井氏であった。若山氏と笹井氏との関係もあるようだ。その前後の状況も、のちにＳＴＡＰ現象でのコンタミ――混在――を伺わせるような記述もある。データの信ぴょう性以前に、そのＳＴＡＰ細胞に関係したマウスの管理の杜撰さが問題であろう。

人の妬みや嫉妬という個人の心の闇以上に、理研という組織のなかのある種の権力闘争の存在があったことも示唆されている。むろん、若い小保方氏にはそのような背景の存在はわからなかったであろう。以降、ＳＴＡＰ細胞をめぐる論議は、テレビと自称専門家という人たちの場に移り、報道は過熱化した。とりわけ、若山氏の論文撤回発言で、「糾弾」の対象者は小保方氏や笹井氏へと向かっていった。

いずれにせよ、科学立国やイノベーションの時代といわれ、そこにナショナリズムが加味されてきた。まさにテクノ・ナショナリズムやサイエンス・ナショナリズムという時代の風が吹いて来た。個人の創意工夫という発明の時代から、いまでは組織的な発明・発見の時代となっている。それに関わる費用は大きなものとなった。

新しい科学的発見やイノベーションを至上価値とするテクノ・ナショナリズムの下では、小保方氏は容易かつ安易に「国賊」とされやすい。これを促進させたのは無記名のSNSであり、本来は、大手メディアに対して草の根的な情報提供を通じて、大手優位の報道を突き崩す多様な情報の提供になるはずが、今回はむしろ火に油を注いだデジタル・ファシズムのような状況となった。

理研、すなわち、理化学研究所は、大正六［一九一七］年三月に設立された。この年は第一次世界大戦終戦の前年にあたる。単なる偶然ではない。理研の設立前後は、日本の研究所設立ブームであった。理研設立の一年半ほどまえに、東北帝国大学には鉄鋼研究所、一年後、繊維研究所も設立された。当時、東京、東北、京都の三帝大には理学部が設けられた。逓信省や鉄道省などの役所や民間企業にも、研究組織が設けられた。予算・人員・施設の面で、いずれも本格的な研究組織とは言えなかった。

そうしたなかで、第一次大戦は総力戦となった。各国の重工業化が推進された。日本もまた重工業化を科学振興面で支える仕組みを模索していた。産学に加えて、産官学も重視されるようになり、官――準官も含め――の研究組織の設立運動も出始めていた。この時期、英国留学組で、タカジアスターゼで大成功した高峰譲吉（一八五四～一九二二）の熱心な勧めもあり、渋沢栄一（一八四〇～一九三一）も、政府に対して研究機関設立の要望を求めた。

渋沢と高峰が集めた陳情書には、当時の大物実業家である大倉喜八郎（一八三七～一九二八）、和田豊治（一八六一～一九二四）、団琢磨（一八五八～一九三二）、中島久万吉（一八七三～一九六〇）、益田孝（一八四八～一九三八）、浅野総一郎（一八四八～一九三〇）、森村市左衛門（一八三九～一九一九）など三〇人が名を連ねた。大学等に属する学者も八名ほどの名もあった。

実利派の渋沢と研究派の高峰の妥協の結果は、化学分野での純粋な研究部門だけではなく、工場試験など事業化部門も併設された研究所の設立となった。最終的には「官民合同」の化学研究所から理化学研究所へと名称が改められた。当初、大河内正敏（一八七八～一九五二）の名前は見当たらない。理化学研究所設立運動の途中から加わったためである。

具体的な動きは、渋沢得意の寄付金と皇室からの下賜金、そしてその先にある政府からの助成金の獲得から始まった。政府の理解は得られたものの、実業関係者からは研究機関設立を望む動きが盛り上がらなかった。期待ほどには寄付金は集まらなかった。実業界からの寄付金募集のために、設立協議会が設けられた。かなり強引な寄付金集めがあった。なんとか設立にこぎつけた理研の初代総裁には、皇族の伏見宮貞愛親王（陸軍軍人、一八五八～一九二三）、副総裁には渋沢栄一と東大の数学者の菊池大麓（一八五五～一九一七）、顧問に山川健次郎（一八五四～一九三一）、理事や監事には陳情書に名を連ねた実業家たちが就いた。

当初の問題は、膨れ上がった建築費のほか、幹部の辞職であった。化学部と物理部との予算をめぐる軋轢の結果であった。大正一〇［一九二一］年に、東大造兵学科出身で技術国産化の熱心な指導者であった大河内正敏が第三代所長に就いた。大河内は財政改善、組織改革に取り組んだ。大河内の改革は、「産」重視の産学連携アプローチにあった。大河内は太平洋戦争の国防技術計画作成にも関与した。経営学者の斎藤憲は、『大河内正敏――科学・技術に生涯をかけた男――』で、大河内をつぎのように評価する。

「大河内のいう通り国防計画が考えられていれば、戦争は始まらなかったとも思われる。戦争の原因を無謀な国防計画だけに帰することはできないが、少なくとも抑止する一つの力になったことであろう。なぜなら、大河内の発言（石油など資源の制約や国民生活の維持の下で、「竹槍蓆旗」のような戦争遂行の困難さ――引用者注）に基づけば、敗戦は必然だったと考えられる。」

戦争遂行には工業力の育成が必要であり、国産技術力の向上が焦眉の急であった。ドイツの「窒素固定法（ハーバー法）」特許は典型事例である。大河内は、肥料生産に必要な硫安の国産化を重視した。日本の工業競争力を高めるには、外国特許依存ではなく自国開発技術による工業発展が必要であると、大河内も考えていた。

大河内の理研経営は攻めの姿勢であった。それは単に研究員だけでなく、「試験工場員」の増員にも現れていた。成果主義重視で、業績によって研究費が増減した。長岡半太郎（一八六五～一九五〇）や鈴木梅太郎（一八七四～一九四三）のような大学教授兼務の主任研究員もいた。彼らの教え子も理研に入所している。大河内の下で、取得特許数も着実に増加した。実際には、特許収入は微々たるもので、理研の収入的土台はビタミンAからの収入であった。

理研は、単なる「国策」研究機関ではなかった。発明の「工業化」を担う組織の「理研コンツェルン」の中心でもあった。たとえば、理研設立以前に設立された東洋瓦斯試験所は、化学工業製品の事業化に取り組み、理研の設立後に理化学興業に引き継がれた。このうち、理化学興業は、ビタミンAなどの製造を通じて理研の研究費に大いに貢献した。同社は株式会社として設立された。取締役会長には大河内が就任し、財界人が出資し役員にも就いた。ほかの成功例は、マグネシウムとピストンリングであり、いずれも航空機など軍事に不可欠なものである。理研工業自らが工場を設けて生産に乗り出した。

この結果、理研コンツェルンの下で、理研翼下の企業が更なるスピンオフ的企業を生み出した。また、盛んに企業買収によって企業集団が形成された。この企業集団を仕切ったのは、持ち株会社としての富国工業であった。前述の斎藤は、そうした理研コンツェルンの帰結について、つぎのように指摘する。

「一工場一品主義だとか、技術力のある中小企業を買収や加盟という形で傘下に取り組んでいった理研コンツェルンそれ自体も、再編されなければならなくなった。理研コンツェルンのように傘下会社払込資本金比率の八〇、九〇％が軍需生産に関係し、大河内自身造兵学者として軍需産業の成長を第一に経営してきた場合でも、当局からすれば、中小の下請企業を多数持つ新興企業集団にすぎなかった。臨時資金調整法を上手にかいくぐって成長してきた理研コンツェルンも、当局の方針との乖離のために成長を止められ、再編へと直進する。」

大河内には、軍需生産は日本全体の工業力の引上げなしに不可能であるとわかっていた。国民の研究開発への理解なしには、工業力の短兵急の拡大など画餅と映っていた。大河内の持論に「資本主義工業批判」があった。これは資本の利潤拡大のみの立場の工業振興批判であった。同時に、工業発展だけのための科学振興主義への批判でもあった。大河内には科学工業主義とは、科学の応用によって資源を創造し、人びとに「良品廉価」の工業を振興することであった。

デジタル社会の行方

大河内の小規模工場活用の「一工場一品主義」は、いまではほとんど忘れられた。大河内は、日本では、米国のような大規模資本による大規模生産は困難であると認識していた。大河内は、アッセンブラーの下に、得意部品に特化する小規模工場の振興が効率的と考えた。昭和一五［一九四〇］年には、理研コンテェルン傘下の工場は、埼玉県、群馬県、新潟県、そして朝鮮に一二〇か所を超えた。国内工場はいずれも農村に展開した。これは大河内の持論の一つであった「農村工業振興論」に基づいた。農村窮乏対策が強く意識された。

農民がいきなり熟練工になれるはずもない。素人でも使える機械の開発が必要となる。機械を開発、導入させて採算の合う製品とは何であるのか。当時の大口需要先は軍部であった。軍部の要求水準を満たすのは、素人工では困難であり、合格品を作れず、理研は資金繰りに四苦八苦した。

戦後、占領下で、理研コンツェルンは解体された。大河内は、敗戦の年末に戦争犯罪容疑者として巣鴨拘置所に収監されたが、翌年の四月に出所を許された。一〇月に理研の所長を辞した。翌月、公職追放された。

大河内が東京帝国大学教授兼任で理研研究員となったのは、大正七［一九一八］年五月であるから、四〇年近く理研と関わった。大正一〇［一九二一］年九月に所長に就任している。なお、東京帝大の方は大正一四［一九二五］年五月に退職。昭和二七［一九五二］年、米国占領が終結する年の八月に、大河内は公職追放リストがはずされ、名誉研究員となったものの、八月終りに逝去した。

昭和三三［一九五八］年、理研は特殊法人理化学研究所として「再生」した。その後、組織改編としては、平成一五［二〇〇三］年一〇月に、文科省所管の独立行政法人となった。さらに、平成二七［二〇一五］年四月に、国立研究開発法人となった。初代所長には長岡半太郎の長男で実業人の長岡治男が就任した。だが、その後は現在に至るまで大学人が所長となっている。本部は埼玉県和光市にあり、国内の研究所は三〇箇所ほどであり、ほかに英国、米国、シンガポール、中国に関連拠点を持つ。現在では、短期雇用の若手研究者が多い。理研の神戸研究所に勤務していた小保方氏も、そのような若手研究者の一人であった。

「小保方」事件は、現在の社会構造とは無関係には成立し難い。むしろ、その構造が如実に反映された。昨今の日本人ノーベル賞受賞者の増加は、日本経済の競争力の低下を払拭する明るいニュースとして報道されてきた。それは日本のテクノ・ナショナリズムを高揚させるだけに、小保方氏のニュースも将来のノーベル賞受賞を示唆した。それだけに、その後の反動は大きなものとなった。

サイエンスライターの渋谷一郎は、『STAP細胞はなぜ潰されたのか』で、STAP細胞そのものの検証より、理研内部や学校という「ムラ」の怨嗟の膿みが出たのではないかとみる。渋谷は、「STAP細胞は捏造だったというところまで進展した背景には、反STAP細胞、反小保方を標榜するグループが存在したと考えざるを得ない」としたうえで、個人的想像として四つの点を挙げて、つぎのように論じる。

（一）「個人的な怨嗟、怨念をもつ、あるいはそうした人物に共感するグループの存在」――「彼女は村（科学業界）の掟、暗黙のルール、タブーを侵犯してしまったのではないか」。これは穿った見方であるが、「攻撃する側に女性が多いこと」など。

（二）理研の特定国立開発法人化で「花を添えるものとして」期待されたが、結果として逆効果と理研幹部の顔に泥を塗ったこと。「残存試料の精密な分析も出ていない段階で、自己点検委員会や改革委員会がなぜあのような、激しい責任の追及とCDBの解体という過酷な提言を出したのか。そのように考えないと説明がつかないだろう。」

（三）「STAP細胞が世に出ると困る勢力、少なからず被害をこうむる勢力の存在である。それには複数のグループが存在する。……何が問題かといえば、研究予算の配分に行き着く、……STAP細胞対ミューズ細胞、iPS細胞という構図には、京大、東大、東北大などの大学研究グループの勢力争い、予算獲得競争という側面もみえてくる。」さらにこの背後に企業グループがいる。

(四)「理研内部の権力闘争だろう。……STAP細胞論文騒動をそうした権力闘争の具に使った勢力がいたのではないか。」

渋谷によれば、この著作が発表された二〇一六年にも、STAP細胞作製のためのプロトコルとレシピの公開サイトが、「恣意的」にサーバー攻撃され続けたとされる。渋谷は「科学的に存在しないことが実証されたと考えているなら、サーバー攻撃などという無駄なことはしないだろう。……彼らは図らずも、STAP細胞の実在について、大きな傍証を与えてしまったのではないだろうか」と結論づけている。

現在、SNSでの常軌を逸した書き込みは匿名性ゆえに跋扈する。こうした攻撃がSTAP細胞の存在の反証であるともいえない。これは穿った見方である。こうした見方はどれも背景の想像的領域の範囲をでるものではない。多くの不可解な事象に対していつも浮上する陰謀説のようなものである。松本清張なら作品に仕上げたに違いない。

いずれにせよ、検証面では、残念ながら、その正否に決着がつくはずもない。将来、何かの発見や分析手法の開発を通して、偶然、ＳＴＡＰ細胞の決定的な検証が起るかもしれない。私にも確証などあるはずがない。往々にして、歴史はそのようなことを示唆する。

テクノ・ナショナリズム論を展開するまえに、インターネットやＩＣＴ（Information and Communication Technology）のデジタル技術とデジタル・エコノミー（ニュー・エコノミー）にふれておこう。ニューエコノミー論が、カリフォルニア州のＩＣＴ起業の興隆とともに語られ始めたのは第一期クリントン政権のころであった。新政権は新機軸を打ち出すため、標語とともに登場する。

ニューエコノミー論も同様であった。その後、ＩＣＴは「デジタル」で置き換えられ、デジタル革命として新しい時代の到来を印象付けた。だが、第一期クリントン政権の最後の頃には、ニューエコノミー論は騒がれなくなった。いくつかの検証点があろう。それは革命というほどの技術的な変化であったのかどうか。かつて、蒸気機関の登場は、それまでの風力に頼らざるを得なかったエネルギー（動力）源を大きく変えた。革命と言ってよいほどの影響を産業界に与えた。

インターネットの普及が、技術革命に相応しい非連続的な影響を社会全体に及ぼしたのかどうか。いままでは、インターネットは公共財あるいは準公共財となった。結果、大企業に有利なビジネスモデルが、小さな企業でも可能になった。この変化を強調する研究者も多い。小さな企業でも、少額の費用で、ウェブサイトを通じて世界市場へのマーケティング活動も自由になった。

大企業による通信装置などハード面での発展があったが、ソフトウェアやプラットフォームなどの開発では、ベンチャー企業が活躍した。いまでは、ガレージ・スタートのベンチャー企業は世界的巨大企業へと成長した。その独占力は半端なものではない。デジタル産業では、企業の巨大化の動きを止めるものはなく、無人の野を行くような感がある。

小企業にも商機がある。そういわれながらも、大企業の優越性を確保できるソフトウェアの開発もある。小回りの利かない大企業も、ビッグデータの収集・管理・応用によって、小さな企業並みの機動性も確保される。小さな企業に有利なインターネット福音説も揺らぐ。小さな企業から創始されたグーグルやアマゾンなどはいまや世界的大企業である。その総資産額は、実物経済を支える大企業を大きく上回る。

そうした企業は世界各地にコンピュータセンターを持ち、その下に基地的センターを有する。アマゾンやグーグルなしに、世界の事業取引や消費生活は成り立つことが困難となった。政治学者のマシュー・ハインドマンは、『インターネットの罠――デジタル・エコノミーは如何に独占を築き上げ、民主主義をダメにしていくのか――』（邦訳『デジタル・エコノミーの罠』）で、かつて幼児のベンチャー企業がアーキテクチャーの優位性を確立して、巨人となってきたことを、つぎのようにとらえる。

「かなり大ざっぱな戦略として、インターネット企業は主に二つの投入手段を使って財を生産する。大量のハイテク工業設備と、大量のソフトウェアコードだ。でも伝統的市場での長い経験からわかっているとおり、ソフトウェア生産も設備依存産業も、最大手企業が優位なのだ。……情報経済が『工業経済学』を置き去りにしているのだ、という話はいろいろあっても、グーグルのサーバーファームは重工業で昔から見られてきたのと同じ規模の経済を示しており、最大の工場が最も効率性が高い。……最近では、グーグルのデータセンターはほかの面でも能力を拡大している。グーグルはますます画像認識、音声認識、自然言語処理などの問題に注力するようになって、深層学習（ディープラーニング）も導入するようになった。……だが決定的なコンポーネントは、機械学習専用のカスタムコンピュータチップの開発だ。グーグルのテンソル処理ユニットは、画像処理や機械翻訳などのタスクで、ワットあたり最大八〇倍の処理能力を提供する。これはグーグルが競合他社に対してもさらなる優位性となる。……既成の設備に飽き足らず、グーグルはルータを自前でつくり、ときには独自の海底光ファイバーケーブルまで敷設した。どちらの動きも、フェイスブックのような競合他社に追随されている」（山形浩生訳）。

かつて、米国では、スーパーマーケット間の競争がシェア争いの吸収合併競争をもたらし、さらなる集客効果を上げるために、廉価販売と売り場面積の拡大を目指したハイパーマーケットを登場させた（＊）。規模の経済はさらなる規模の経済をもたらし、独占を目指した巨人同士の競争が続いた。同じことがデジタル産業の個々の分野でも、従来と同じように続くとみてよい。ハインドマンの指摘はこれを示唆する。

＊詳細は次の拙著を参照。寺岡寛『アメリカの中小企業政策』信山社（一九九一年）。

グーグル、フェイスブックやアマゾンなども自分たちのブランドによって、利用者をロックインした。そのことで、かれらのサービスは普及した。この業界へは新たな企業の参入は容易ではない。ＧＡＦＡは、従来型の宣伝方法や広告企業にも多大の影響を与えた。新聞広告やテレビ広告も変わらざるを得ない。広告よりも、新聞やテレビのあり方が変わるだろう。オンラインニュースやユーチューブの普及の影響力は大きい。

新聞社もデジタル記事を配信するようになった。それがどの程度功を奏するのか。顕著なのは、どの国も新聞に従事する人たちの雇用減少がみられることだ。デジタル化を進める新聞社といえども、グーグルなどのプラットフォームから独立することは難しい。デジタル化の時代は、どのように進化しつづけるのか。

デジタル社会の不安

デジタル技術など技術の影響は中立的ではない。正負の影響があるとして、政府が規制を行うべきものだろうか。この議論の前提は、だれが弊害と感じ、その是正を望むのかである。要するに、何をもって弊害とするかである。米国の連邦取引委員会の経済集中度という尺度では、グーグルやフェイスブックは独占企業である。従来の議論の下では、企業分割が正論である。そのような動きも出たが、実施されていない。

独占問題は、単に経済面だけではなく、国家の安全保障などに絡むと、急転直下の規制論が浮上する。サイバー空間での国家間の「紛争」も日常茶飯事となった。国によって監視国家という規制も行われている。ハインドマン自身は、どのような展望をもつのか。彼の見方を紹介しておこう。

「進化論はまた、成長だけではなく絶滅の物語でもある。生物種や生態系は、何百万年も安定していたのに、突然崩れてしまうこともある。……本当の生態系の仕組みを考えれば、『エコシステム』だの『多様性』だのといった常套句など気休めにすらならない。そしていずれにしても、私たちがオンラインで構築したものは、まるでエコシステムなんかではなく、コマーシャルな単一栽培作物が二つできただけだ。インターネットのエネルギーピラミッドのほぼすべては、いまやフェイスブックとグーグルの二頭独占下にある。アイルランドのジャガイモ飢餓のような出来事が示すとおり、あらゆる単作経済は、たった一つの病原菌により一気に破壊されかねない。

どこかの時点でまちがいなく、生物学的な比喩も限界に達する。進化モデルはデジタル観衆の動学理解を助けてはくれるが、インターネットは相変わらず完全に人工の領域だ。インターネットに『自然/天性』はない。インターネットが地方ニュースを破壊したり、民主主義を転覆させたり、新たな成金と格差の時代を作り上げたりすれば、それは自然法則による不可避の結果なんかではなく、人間の選択の結果だ。……もしインターネットをオープンに保ちたければ、まずはそれを理解することだ——そして、そのオープン性のために戦わなければならないのだ。」

日本もドイツも、インターネットが社会の仕組みに組み込まれるようになった。インターネットの普及で消え去った、あるいは消え去りつつある職種や産業もあれば、新たに生まれた職種や産業もある。その正負を含め、デジタル経済やデジタル社会の実態を見極めておく必要がある。

デジタル社会に対し、対語のアナログ社会との違いは何なのか。そもそも、社会の何が変わってきたのか。閉塞感が強くなった分、日本でもドイツでも、社会や経済の活性化にベンチャー精神や起業家精神が強調される。この先にイノベーション促進のための、テクノ・ナショナリズムのイデオロギーがドイツでも日本でも跋扈する。

ドイツも日本も、イノベーションの理想国として米国を暗黙裡に念頭に置く。日独米の個別「事情」を見極めておく必要がある。米国には特有の事情がある。ドイツや日本はその事情をそのままに共有・経験できない。日本もドイツも第二の米国にはなれない。だが、米国から影響を大きく受けてきた。だが、米国と同じ事情を再現できない。

米国がデジタル技術で先端となった背景に、レーガン政権時代に製造業の空洞化と金融サービス経済化への移行があった。カリフォルニア州では、情報通信のハードだけではなく、むしろソフト面のベンチャー企業の興隆があった（＊）。そのころ、ドイツや日本はいまだ製造業主体の経済の繁栄を享受していた。デジタル技術の開発へは、行き場を失っていた資金が世界中から集まった。

＊詳細は、つぎの拙著を参照。寺岡寛『アレンタウン物語――地域と産業の興亡史――』税務経理協会（二〇

一〇年)。

米国では、民需だけではなく、軍需分野で多くの特許が生れた。軍や政府は特許を保有できない。民需応用において、民間ベンチャー企業が根幹技術の応用特許を取り、世界的な企業へと成長した。日独米比較では、この点を見過ごしてはならない。

米国はラストベルトといわれた南部の製造業は空洞化した。米国産業を象徴した自動車産業も成熟し、技術の発展よりもデザインとマーケティングを重視する体質の下で行き詰まった。他方で、日独の自動車企業は米国新鋭工場で米国メーカーを追い上げた。ラストベルトからサンベルトへの米国経済の重点移行は、米国産業構造の転換を反映した。

レーガン政権以降、イノベーションはカリフォルニア州西部から起こり、科学技術者や起業家へと高所得層の中心点は移動した。後押ししたのは、重工業から新たな投資先を探していた世界の資金網である。重要なのは資金ではなく、資金を活用できる技術であり、それをビジネスモデル化できる起業家の存在であった。

米国のデジタル技術応用企業が大成長を遂げた。日本やドイツの従来型産業、とりわけ、自動車産業もデジタル技術を組み込み生き延びた。デジタル技術は、自動車産業から生まれたものではない。このことは、デジタル産業と自動車産業の垣根を曖昧なものとした。今後、電気自動車の普及とともに、自動車産業の世界的な再編が起こる。日本は従来型産業に代わる新顔産業がいまだみえてこない。ドイツとの比較でも、大きな危機である。新産業の担い手を見出せない。

いまでこそ、ベンチャー企業だ、イノベーションだという議論が騒がしい。私がこの問題を意識したのは、米国の「ベンチャー企業」振興策を研究しはじめたころであった（＊）。研究の底流にはいつも日米比較の視点があった。だが、研究者の第二世代ぐらいのベンチャー企業論から、日米比較の基本的な視点がどこかに打ち捨てられた。日本はベンチャー企業の「後進国」として把握され、日米の背景にある制度的、あるいは歴史・文化的な分析がなおざりにされた。

＊詳細はつぎの拙著を参照。寺岡寛『アメリカの中小企業政策』信山社（一九九一年）。同『アメリカ中小企業論』信山社（一九九四年）。同『アメリカ中小企業論（改訂版）』信山社（一九九七年）。

米国という人工国家は、欧州諸国や日本と比べて、伝統の比重はきわめて低い。ゆえに、技術への素朴な信奉主義がある。「帝国論」的議論では、米国はドイツの「第三帝国」や「日本帝国」とは異なる。「世界」帝国には、それを支える「経済力」、「軍事力」のほかに、「文化力」が存在する。米国的文化を支えるのは技術崇拝主義である。政治学者ジョージ・フリードマンは、『静けさの前の嵐――米国の不調和論、二〇二〇年代の来るべき危機とその後の大勝利――』（邦訳『二〇二〇-二〇三〇　アメリカ大分断――危機の地政学――』）で、帝国としての米国をつぎのようにとらえる。

「あらゆる帝国の基盤となるのは銃ではなく、ヒトラーとスターリンが理解できなかったもののほうだ――裕福さそのものと、裕福さがもたらす羨望――。しかし金や銃よりも大切なのは、未来を象徴するテクノロジーと現在を象徴する文化である。長く続く帝国とは、ほかの人々が真似したいと思うような知性と情熱に満ちた帝国だ」(渡辺靖他訳)。

フリードマンは帝国としての米国がドイツ帝国と異なるのは、ドイツが「搾取を目的とした帝国」であったのに対して、米国は「利益を得るだけでなく、全員に利益を与える共生関係のシステムを築ける帝国」であり、「他国が真似したいと望む帝国」であることを重視した。中心には「テクノロジーの文化」がある。「そのような文化を持つのはアメリカだけではないにしろ、きわめてアメリカ的な文化だ」と強く主張する。今後のテクノロジーの方向性について、フリードマンはつぎのように予想する。

「将来、健康寿命を延ばすための新しいテクノロジーが生まれるだろう。人口が減りつづける世界では、健康寿命を延ばすことが喫緊の課題となり、その課題は科学によって解決される。……どんなに元気で健康であれ、高齢者によって支配された国家は、古いものに支配された国家となる。……若者の無知は、不可能を可能にする。何が不可能なのかを知らない若者たちは、無謀なことを不可能だとあきらめずに実現させる。……常識と知恵を持ち合わせた高齢者たちは、社会経済的サイクルにたいする大きな脅威となる。なぜなら、人は年齢を重ねるにつれて、〝俯瞰力〟をつけるからだ。しかし、社会には俯瞰力だけでなく、スティーブ・ジョブズやヘンリー・フォードのような向こう見ずな虚勢も必要になる。」

この指摘は、米国社会の経済や政治とテクノロジーとの関係をうまく言い当てている。技術は中立的な装いをもつ。だが、それは個人をとりまく社会構造と深い関係をもつ。日本には日本の社会構造を反映した技術しか生まれない。ドイツもまたそうだ。この視点は日独比較技術論の大きなテーマである。

ところで、デジタル技術は革命的なものであろうか。この点は問い直す必要がある。英国シンクタンクの研究者ジェイミー・バートレットは、『国民対技術――インターネットは民主主義をどのように破壊し、どのように救うのだろうか――』（邦訳『操られる民主主義――デジタル・テクノロジーはいかにして社会を破壊するか――』）でこの問題を論じた。バートレットは、野放図なデジタル・テクノロジーは民主主義を破壊すると悲観的である。

インターネット普及＝デジタル技術の成果は、人びとのつながりを促進するよりも、それ以上に人びとを分断させる。なぜ、そうなったのか。実害の一つは「インターネットのコミュニケーションが、問題をあおり続けている」点にある。先般のトランプ対クリントンの大統領選挙はその事例であった。インターネット上の膨大な情報の下で、「相反する事実に直面したとき、私たちの大半がますます自分の信念に固執するようになる理由こそこれだ。その好例こそ、ドナルド・トランプの選挙だったのは知っておいてほしい。……インターネットは小規模な部族を生み出すだけではない。同時に、敵対する部族にも容易にアクセスできるのである。……むしろ、バカがひしめくネットの大海で、唯一まともな人間は自分一人だけだとますますそう思うようになった」と、バートレットは振り返る。

バートレットは、この現象を「自己正当化の無限の増幅」とみた。彼は「大手テクノロジー企業は、この心理学的弱点を新たな消費を生み出す構造的な機能に変え、利益を得るために巧みに利用してきた」と分析した。ハンナ・アーレント（一九〇六〜七五）が『全体主義の起源』（一九五一年刊）で危惧した「大衆とデマゴーグの関係」がそこにある。ビッグデータがもてはやされる。大規模データによって、人びとの性癖や思想傾向を取り組んだ「マイクロターゲティング」の功罪もある。

個人もさることながら、他国のサイバー攻撃は犯人を特定しても、攻撃を受けた側からは対処に苦慮する。国境を越えたサイバー攻撃の恐怖、人工知能やロボット活用による雇用への影響、IOTの暴走、ブロックチェインやビットコインによる現行貨幣制度や税制度の無力化等々のアナーキーな世界、杞憂すべき課題は多い。何よりも、デジタル技術に象徴化されるシリコンバレー・テクノロジーが経済格差の拡大（＊）を解決するよりも、むしろ増幅する危惧である。バートレットも、つぎのように指摘する。

＊「バーベル型経済」とも揶揄される。低所得層と高所得層の間に挟まれて中間層がやせ細り、バーベルのような形の経済構造になること。

「社会を織りなす紐帯もまた、高止まりの不平等ですれ切れていく。生活の格差が広がるほど、生活レベルが異なる者同士がともにする時間は減るので、たがいへの信頼はさらに薄れていく。皮肉な話だが、たがいに信頼しあえる社会であるほど、イノベイティブで起業家精神に富む社会になれるのは、こうした社会こそ、世界は信頼できる人間とチャンスで満ちていると人々が考えているからだ。だが、なんといっても重要なのは、中間層が民主主義のもっとも熱心な支持者であるという点だ」

（秋山勝訳）。

問題は経済（所得）格差の拡大よりも、貧富に分け隔てられた階層間の信頼の喪失である。それが一層大きな社会不安を生み出すことだ。この処方箋として、ベーシック・インカム制度（＊）が提案されている。そこには落とし穴がある。つまり、格差拡大を放置したまま、最低所得を保障する発想の妥当性である。

＊ベーシック・インカム制度については、つぎの拙稿を参照。寺岡寛「フィンランドのベーシック・インカム制度実験」『中京企業研究』第三九号（二〇一七年）。

その税源は、おそらく、高所得層というよりも中間所得層に求めるだろう。それは中間所得層をさらに分解させ、下位層の拡大をもたらす。そこには分断と緊張しかない。バートレットも同様に考えているようだ。だが、ドイツなど欧州諸国と日本でのベーシック・インカム導入の是非は、消極的な米国とは異なる。

先にみたシリコンバレー・テクノロジーを、バートレットは「カリフォルニアン・イデオロギー」――「テクノユートピア主義者の世界観」ととらえて、つぎのように論じている。

「サンフランシスコ流の自由奔放な文化と、起業家らしい自由市場への熱情が融合した価値体系を『カリフォルニアン・イデオロギー』と命名した。このイデオロギーがなぜ人を魅了するのか、二人（リチャード・バーブルックとアンディ・キャメロン――引用者注）はその理由として、富の分配と公平さをめぐる従来の政治的闘争から抜け出す方法が提示されている……シリコンバレーでは、理念と金がことのほか複雑に絡み合っている……ある意味でテクノロジーとは、大金持ちが支配のために用いる最新手段なのだ。……巨大テクノロジー企業は何年もの時間をかけ、カリフォルニアン・イデオロギーに入念な磨きをかけてきた。彼らは大規模な広報チームを備えた資産数百万ドルの巨大企業だが、反エスタブリッシュメントだと言い張ってきた。データ抽出と監視資本主義をビジネスモデルにしているにもかかわらず、人々に開放をもたらす、胸躍るテクノロジーを推進していると称している。ありあまる富を持つ白人男性が支配しながら、口にするのは社会の正義と平等だ。」

バートレットは、カリフォルニアン・イデオロギーが支配するテクノロジー信奉主義は、現代版のファシズムへと転化すると予想している。彼の理由付けは、「テクノロジーの後押しを受けた自由の時代というより、現実にはどうやらその逆のパターン、つまりますます多くの者が独裁的な理念や指導者に目を向け、社会の支配と秩序の回復を求めるようになる。民主主義を救えという掛け声とは裏腹に、民主主義は緩慢な死を遂げていくのだろうか」というものだ。

かといって、かつてのようなファシズムとは同一視されていない。バートレットは、ケンブリッジ大学の政治学者デイビッド・ランシマンの著作に言及して、つぎのように指摘する。

「一九三〇年代に民主主義崩壊の端緒を求め続けるべきではないと説いている（ひとつには、ワイマール共和国の国民の年齢中央値は二五歳、今日、大半の民主主義国の年齢中央値はこれより二〇歳は高い。

ファシズムは血気盛んな青年の政治行動なのだ）。現代の民主主義は、まちがいなくこれまでとは異なる形で終わりを迎え、一夜にして転覆するようなことはない。じっくりと時間をかけて進展していく問題なのだ。」

他方で、バートレットは「カリフォルニアン・イデオロギー」を担ってきたベンチャー企業で大金持ちとなって、シリコンバレーから逃げ出して、ニュージーランドの孤島で自給自足生活の場を確保するシリコンバレーの大富豪たちの様子も伝えている。背景には、取り残された人びとの富豪への反発の恐怖があるという。バートレットは、空洞化した民主主義もテクノロジーと同様に進化させるべきだと考えている。当然、その根幹にある選挙制度、税制などもそうである。

独占禁止法についても、バートレットは「カリフォルニアン・イデオロギー」の下で新たな形を模索すべきとする。彼はこの種の提案を二〇項目ほど巻末に掲げた。つまるところ、「テクノロジーから政治をどのようにして守るのかということに尽きる」として、つぎのように結論づける。

「テクノロジーの急速な変化によって、私たちの力は高まり、自由にもなったし豊かにもなれたが、これはテクノロジーが力強い民主主義システムの支配下にある場合に限られる。このシステムは正当性のほかに、権力を行使できる力を備えているが、同時に国民と公益に対する説明責任を負っているのだ。

だが、民主政治が強大なテクノロジーを取り組み、それを公益に役立つように方向づけることができたとしても、スマホやバーチャルリアリティーのヘッドセットで溢れかえる現在では、民主主義に何ができるのかと、すぐにわすれてしまうかもしれない。」

私の世代は、一九七九年生まれのジェイミー・バートレットとは一世代異なるが、辛うじてデジタル以前の経験を共有する。いまではデジタル以後の世代が主流だ。当初から、パソコンやタブレットがあり、スマホがあり、それが当たり前の環境である。

ここでジョージ・オーウェルの『一九八四年』の世界を持ち込めば、人びとの記憶や記録は、個人が強い意志をもち、面倒臭くても、探し求めなければ、過去の歴史は消え去った歴史として蘇らない。そのような時代はどのようなものとなるのか。それはとりもなおさず、わたしたちがどのような社会を望むのか、また、そのためにどのような政治を望むのかである。

現在のデジタル化は、世界を変えてきた。米国では、新技術への信奉はどこの国よりも強く、そのもたらす社会、経済、政治への影響を楽観的にとらえる傾向にある。伝統のない米国は、いかなる技術進歩も肯定的にとらえる。いつも、米国は新技術の実験国であった。多くの国は、米国の新技術実験の状況を見ながら、自国での受容を考える余裕が与えられた。ときに、新技術の普及を遅らせ、時に性急にその普及を推し進めた。

現在、米国カリフォルニアを中心に生み出されたデジタル・テクノロジーが米国のみならず、世界を覆う。デジタル・テクノロジー一元化の世界で、私たちはどのように意味ある比較論を展開すべきか。

これは日本にとっても、ドイツにとっても互いに意識しあう課題である。日本はドイツの現状や取り組みから何を学ぶべきであり、ドイツに何を伝えるべきなのだろうか。

あとがき

コロナ禍の下、勤務校でも講義はリモート講義、ゼミなど少人数クラスは感染者数の推移を見ながらの、対面とリモートの組み合わせとなった。結論からいえば、当初、リモート講義の準備に時間を取られたが、慣れるにしたがって、すこし時間の余裕もでてきた。普段、学期中は取り組めなかった調べものにも手を出せるようになった。それなら、一層、わたしの専門領域である比較中小企業政策論から見てきたドイツ社会の歴史を、この際、余った時間で探求してみたくなった。その結果が、本書である。

コロナ禍下の日本社会の現状が思い起させたのは、戦間期のドイツ社会、戦時下の日本社会である。当時はファシズム時代と呼ばれたりした。それは私が書物で学習した世界であり、当時の感覚とは異なるものであろう。当時をハードなファシズムとすれば、現在はソフトなファシズムではないかと思ったりした。背後に、デジタル技術の普及もある。

本来なら、本書で取り上げた個別課題を資料・史料で深堀すべきである。中小企業政策史研究で、私自身もそのような作業をやってきた。実に気力を要する。昨年、私は古稀を迎えた。内村鑑三が古稀の祝いの席で、「古来稀なる歳となり、強飯を食べれるとは……」と挨拶をした。私も同じ思いであるが、若いころのように史料を探るには気力が足りなくなった。本書のいくつかの論点については、若い世代に本格的に取り上げてほしいと願う。本書がそのヒントになれば、著者望外の幸せである。

私には容易に突き破れない壁もたくさんあった。その後、ウクライナ紛争が付け加わった。この背景には、ある種の地政学的な歴史的関係が投影されている。この理解なくして、単純な悪玉・善玉論では危うい。日独比較は、そこに英米仏の関係を組み入れることで、別の構図が見えてくる。

退職の数年前から、ドイツ関係の著作や論文に目を通して、拙稿を書き始めた。退職後に何年かかけて、まだ自分が訪れていないドイツの地方を訪れる準備もしていた。その地で感じることも多いからである。コロナ禍で、しばらくの間、訪れることができそうもない。次なるステップの足掛かりとして、現時点で私の考えをまとめた。出版にあたっては、信山社の渡辺左近氏にお世話になった。渡辺氏とは長い付き合いとなった。その一言、二言が私をいつも後押ししてくれる。私の感謝は言葉では言い表せない。

あとがき

二〇二三年二月

寺岡　寛

参考文献

日本語文献

［あ］

赤澤史朗・栗谷憲太郎・豊下楢彦・森武麿・吉田裕編『年報・日本現代史―総力戦・ファシズムと現代史―』現代史料出版、一九九七年

阿部謹也『物語ドイツの歴史―歴史とは何か―』中央公論新社、一九九八年

――『近代化と世間―私が見たヨーロッパと日本―』朝日新聞社、二〇〇六年

荒川憲一『戦時経済体制の構想と展開―日本陸海軍の経済史的分析―』岩波書店、二〇一一年

有澤廣己『ワイマール共和国』（上・下）東京大学出版会、一九九四年

アーレント、ハンナ（大久保和郎訳）『全体主義の起源1―反ユダヤ主義―』みすず書房、一九七二年

――（大島道義・大島かおり訳）『全体主義の起源2―帝国主義―』みすず書房、一九七二年

――（大島道義・大島かおり訳）『全体主義の起源3―全体主義―』みすず書房、一九七四年

アンダーソン、ベネディクト（白石さや・白石隆訳）『増補・想像の共同体―ナショナリズムの起源と流行―』NTT出版、一九九七年

石塚史樹『現代ドイツ企業の管理層職員の形成と変容』明石書店、二〇〇八年

伊藤光晴『日本の経済風土』日本評論社、一九七八年

板橋拓己『アデナウアー―現代ドイツを創った政治家―』中央公論新社、二〇一四年

今井勝人・馬場哲編『都市化の比較史―日本とドイツ―』日本経済評論社、二〇〇四年
岩村偉史『ドイツがわかる―歴史的・文化的背景から読み解く―』三修社、二〇一九年
宇仁宏幸・厳成男・藤田真哉編『制度でわかる世界の経済―制度調整の政治経済学―』ナカニシヤ出版、二〇二〇年
大内英二『ドイツ金融資本成立史論』有斐閣、一九五六年
大内力『ファシズムへの道』中央公論新社、二〇〇六年
大内宏一『ビスマルク―ドイツ帝国の建設者―』山川出版社、二〇一三年
岡本人志『ドイツの経営学』森山書店、一九九七年
小熊英二『日本社会のしくみ―日本を支配する社会の慣習―』講談社、二〇一九年
尾高邦雄『世界の名著（五〇）ウェーバー』中央公論社、一九七五年
オルブライト、マデレーン（白川貴子・高取芳彦訳）「ファシズム―警告の書―」みすず書房、二〇二〇年

［か］

ガース・ミルズ（山口和男・犬伏宣宏訳）『マックス・ウェーバー』ミネルヴァ書房、一九六二年
加納邦光『ビスマルク』清水書院、二〇〇一年
河合信晴『物語東ドイツの歴史―分断国家の挑戦と挫折―』中央公論新社、二〇二〇年
河村哲二『第二次大戦期アメリカ戦時経済の研究―「戦時経済システム」の形成と「大不況」からの脱却過程―』お茶の水書房、一九九八年
川口マーン恵美『メルケル仮面の裏側―ドイツは日本の反面教師である―』ＰＨＰ研究所、二〇二一年
クライン孝子『統一ドイツ―ドイツ・新たなる苦悩―』ＰＨＰ研究所、一九九四年

クレスマン、クリストフ（石田勇治・木戸衛一訳）『戦後ドイツ史一九四五～一九五五』未来社、一九九五年
クンド、ナニ（中村登志哉訳）『ドイツ・パワーの逆説―〈地経学〉時代の欧州統合―』一藝社、二〇一九年
ゲルナー、アーネスト（加藤節監訳）『民族とナショナリズム』岩波書店、二〇〇〇年
ゴーラー、ジェフリー（福井七子訳）『日本人の性格構造とプロパガンダ』ミネルヴァ書房、二〇一一年

［さ］

齋藤憲『大河内正敏―科学・技術に生涯をかけた男―』日本経済評論社、二〇〇九年
坂本孝司『ドイツにおける中小企業金融と税理士の役割』中央経済社、二〇一二年
佐藤唯行『英国ユダヤ人―共生をめざした流転の民の苦闘―』講談社、一九九五年
佐藤優・片山杜秀『現代に生きるファシズム』小学館、二〇一九年
芝健介『ヒトラーのニュルンベルク―第三帝国の光と闇―』吉川弘文館、二〇〇〇年
シュミット、ヘルムート（田村万里・山本邦子訳）『ヘルムート・シュミット対談集―回顧から新たな世紀へ―』行路社、二〇〇一年
菅原出『アメリカはなぜヒトラーを必要としたのか』草思社、二〇〇二年
スミス、アントニー（高柳先男訳）『ナショナリズムの生命力』晶文社、一九九八年
関曠野『なぜヨーロッパで資本主義が生まれたか―西洋と日本の歴史を問いなおす―』NTT出版、二〇一六年

［た］

高田里惠子『文学部をめぐる病―教養主義・ナチス・旧制高校―』筑摩書房、二〇〇六年
竹岡敬温『ファシズム―ジャック・ドリオとフランス人民党―』（上・下）国書刊行会、二〇二〇年
建部宏明『日本原価計算制度形成史』同文舘出版、二〇一九年

田中彰『小国主義—日本の近代を読みなおす—』岩波書店、一九九五年
田野倉稔『ファシズムと文化』山川出版社、二〇〇四年
種田明『ドイツ技術史の散歩道』同文舘、一九九三年
田淵進『ドイツ中小企業と経営財務』森山書店、二〇〇五年
玉木俊明『ヨーロッパ覇権史』筑摩書房、二〇一五年
タロシュ、エンマリヒ、ノイゲバウアー、ヴァルフガング（田中浩・村松惠二訳）『オーストリア・ファシズム—一九三四年から一九三八年までの支配体制—』未来社、一九九六年
チャンドラー、アルフレット（安部悦生他訳）『スケール・アンド・スコープ—経営力発展の国際比較—』有斐閣、一九九三年
對馬達雄『ヒトラーに抵抗した人々—反ナチ市民の勇気とは何か—』中央公論新社、二〇一五年
——『ヒトラーの脱走兵—裏切りか抵抗か、ドイツ最後のタブー—』中央公論新社、二〇二〇年
トゥーズ、アダム（山形浩生・森本正史訳）『破壊の経済—一九二三～一九四五—』上・下、みすず書房、二〇一九年

［な］

中根千枝『タテ社会の人間関係—単一社会の理論—』講談社、一九六七年
中村幹雄『ナチ党の思想と運動』名古屋大学出版会、一九九〇年
中村隆英『日本の経済統制—戦時・戦後の経験と教訓—』筑摩書房、二〇一七年
西牟田祐二『ナチズムとドイツ自動車工業』有斐閣、一九九九年
ノルテ、エルンスト（ドイツ現代史研究会訳）『ファシズムの時代—ヨーロッパ諸国のファシズム運動一九一

九〜一九四五―』福村書店、一九七二年
［は］
ハースト・ジョン（福井憲彦監訳・倉嶋雅人訳）『超約ヨーロッパの歴史』東京書籍、二〇一九年
バーストン、ダニエル（佐野哲郎・佐野五郎訳）『フロムの遺産』紀伊国屋書店、一九九六年
ハフナー、セバスチャン（山田義顕訳）『裏切られたドイツ革命―ヒトラー前夜―』平凡社、一九八九年
――（瀬野文教訳）『ドイツ現代史の正しい味方』草思社、二〇二〇年
――（瀬野文教訳）『ヒトラーとは何か』草思社、二〇一七年
原朗編『日本の戦時経済―計画と市場―』東京大学出版会、一九九五年
深井智朗・クラーフ・F・W、クリストファーセン・A、シュトルム・E、竹淵香織『ティリッヒとフランクフルト学派―亡命・神学・政治―』法政大学出版局、二〇一四年
ブキャナン、パトリック（河内隆弥訳）『不必要だった二つの大戦―チャーチルとヒトラー―』国書刊行会、二〇一三年
福島清彦『ヨーロッパ型資本主義―アメリカ市場原理主義の決別―』講談社、二〇〇二年
藤澤利治・工藤章編『ドイツ経済』ミネルヴァ書房、二〇一九年
フーバー、ハーバード（ナッシュ、H・ジョージ編、渡辺惣樹訳）『裏切られた自由―フーバー大統領が語る第二次世界大戦の隠された歴史とその後遺症―』（上・下）草思社、二〇一七年
フリードマン、ジョージ（夏目大訳）「ヨーロッパ炎上新一〇〇年予測―動乱の地政学―」早川書房、二〇一七年
――（渡辺靖他訳）『二〇二〇〜二〇三〇アメリカ大分断』早川書房、二〇二〇年
フルブルック、メアリー（芝健介訳）『二つのドイツ―一九四五〜一九九〇―』岩波書店、二〇〇九年

プロクター、ロバート（宮崎尊訳）『健康帝国ナチス』草思社、二〇一五年
フロム、エーリッヒ（佐野哲郎・佐野五郎訳）『ワイマールからヒトラーへ―第二次大戦前のドイツの労働者とホワイトカラー―』紀伊国屋書店、一九九一年
ヘット、カータ・ベンジャミン（寺西のぶ子訳）『ドイツ人はなぜヒトラーを選んだのか―民主主義が死ぬ日―』亜紀書房、二〇二〇年
ベルティング、ハンス（仲間裕子訳）『ドイツ人とドイツ美術―やっかいな遺産―』晃洋書房、一九九八年
ベルガー、イエンス（岡本朋子訳）『ドイツ帝国の正体―ユーロ圏最悪の格差社会―』早川書房、二〇一六年
ベルント、エンノ『ドイツからみた日本的経営の危機―ニューディールの模索―』花伝社、一九九五年
ボイド、ジュリア（園部哲訳）『第三帝国を旅した人々―外国人旅行者が見たファシズムの勃興―』白水社、二〇二〇年
細見和之『フランクフルト学派―ホルクハイマー、アドルフから二一世紀の「批判理論」へ―』中央公論新社、二〇一四年
ホブズボーム、エリック（柳父圀近・長野聡・荒関めぐみ訳）『資本の時代I―一八四八〜一八七五―』みすず書房、一九八一年
――（松尾太郎・山崎清訳）『資本の時代I―一八四八〜一八七五―』みすず書房、一九八二年

［ま］

マルクス・エンゲルス（真下信一訳）『新訳・ドイツ・イデオロギー』大月書店、一九六五年
ミアーズ、ヘレン（伊藤延司訳）『アメリカの鏡・日本（完全版）』角川書店、二〇一五年
三戸公『会社ってなんだ―日本人が一生すごす「家」―』文眞堂。一九九一年

――『「家」としての日本社会』有斐閣、一九九四年
――『現代の学としての経営学』文眞堂、一九九七年
三好範英『ドイツリスク―「夢見る政治」が引き起こす混乱―』光文社、二〇一五年
ミルズ、ライト（陸井四郎訳）『マルクス主義者たち』青木書店、一九六四年
――（河村望・長沼秀世訳）『新しい権力者―労働組合幹部論―』青木書店、一九七五年
村上伸『ボンヘッファー紀行―その足跡をたずねて―』新教出版社、二〇一二年
メイヤー、ジェイン（伏見威蕃訳）『ダーク・マネー―巧妙に洗脳される米国民―』東洋経済新報社、二〇一七年
望田幸男『二つの近代―ドイツと日本はどう違うか―』朝日新聞社、一九八八年
――『近代日本とドイツ―比較と関係の歴史学―』ミネルヴァ書房、二〇〇七年
――『二つの戦後・二つの近代―日本とドイツ―』ミネルヴァ書房、二〇〇九年
――『ドイツ史学徒が歩んだ戦後と史学史的追想』本の泉社、二〇二〇年

［や］
八木紀一郎『二〇世紀知的急進主義の軌跡―初期フランクフルト学派の社会科学者たち―』みすず書房、二〇二一年
柳澤治『資本主義史の連続と断絶―西欧的発展とドイツ―』日本経済評論社、二〇〇六年
――『戦前・戦時日本の経済思想とナチズム』岩波書店、二〇〇八年
――『ナチス・ドイツと資本主義―日本のモデルへ―』日本経済評論社、二〇一三年
――『ナチス・ドイツと中間層―全体主義の社会的基盤―』日本経済評論社、二〇一七年
山口知三・平田達治・鎌田道生・長橋芙美子『ナチス通りの出版社―ドイツの出版人と作家たち　一八八六～一

九五〇―』人文書院、一九八九年
山口定『ファシズム』岩波書店、二〇〇六年
山本義隆『近代日本一五〇年―科学技術総力戦体制の破綻―』二〇一八年
山之内靖他編『岩波講座・社会科学の方法Ⅲ』岩波書店、一九九三年
槍田英三『ドイツ手工業とナチズム』九州大学出版会、一九九〇年
吉村典久編『ドイツ企業の統治と経営』中央経済社、二〇二一年

［ら］

ルップ、ハンス・カール（深谷満雄・山本淳訳）『現代ドイツ政治史―ドイツ連邦共和国の成立と発展―』彩流社、二〇〇二年

［わ］

渡辺克義『物語ポーランドの歴史―東欧の『大国』の苦難と再生―』中央公論新社、二〇一七年
渡辺惣『誰が第二次世界大戦を起こしたのか―フーバー大統領「裏切られた自由」を読み解く―』草思社、二〇二〇年
渡辺尚『ラインの産業革命―原経済圏の形成過程―』東洋経済新報社、一九八七年
――『エウレギオ―原経済圏と河のヨーロッパ―』京都大学学術出版会、二〇一九年

【著者紹介】
寺岡　寛（てらおか・ひろし）

1951年神戸市生まれ
中京大学名誉教授，比較中小企業政策論，比較経済社会学。経済学博士（京都大学）

〈主著〉
『アメリカの中小企業政策』信山社（1990年），『アメリカ中小企業論』信山社（1994年，増補版，1997年），『中小企業論』（共著）八千代出版（1996年），『日本の中小企業政策』有斐閣（1997年），『日本型中小企業』信山社（1998年），『日本経済の歩みとかたち』信山社（1999年），『中小企業政策の日本的構図』有斐閣（2000年），『中小企業と政策構想』信山社（2001年），『日本の政策構想』信山社（2002年），『中小企業の社会学』信山社（2002年），『スモールビジネスの経営学』信山社（2003年），『中小企業政策論』信山社（2003年），『企業と政策』（共著）ミネルヴァ書房（2003年），『アメリカ経済論』（共著）ミネルヴァ書房（2004年），『通史日本経済学』信山社（2004年），『中小企業の政策学』信山社（2005年），『比較経済社会学』信山社（2006年），『起業教育論』信山社（2007年），『スモールビジネスの技術学』信山社（2007年），『逆説の経営学』税務経理協会（2007年），『資本と時間』信山社（2007年），『経営学の逆説』税務経理協会（2008年），『近代日本の自画像』信山社（2009年），『学歴の経済社会学』信山社（2009年），『指導者論』税務経理協会（2010年），『アレンタウン物語』税務経理協会（2010年），『市場経済の多様化と経営学』（共著）ミネルヴァ書房（2010年），『アジアと日本』信山社（2010年），『イノベーションの経済社会学』税務経理協会（2011年），『巨大組織の寿命』信山社（2011年），『タワーの時代』信山社（2011年），『経営学講義』税務経理協会（2012年），『瀬戸内造船業の攻防史』信山社（2012年），『恐慌型経済の時代』信山社（2013年），『田中角栄の政策構想』信山社（2013年），『地域文化経済論』同文舘（2014年），『福島後の日本経済論』同文舘（2015年），『強者論と弱者論』信山社（2015年），『地域経済社会学』同文舘（2016年），『社歌の研究』同文舘（2017年），『ストック文化経済論』信山社（2017年），『中小企業の経営社会学』信山社（2018年），『ソディの貨幣制度改革論』信山社（2018年），『小さな企業の大きな物語』信山社（2019年），『エイジングの社会経済学』信山社（2019年），『財政危機の経済社会学』信山社（2020年），『神戸発展異論』信山社（2021年）。

ドイツと日本の比較経済社会学—もうひとつの日独比較論—

2023年（令和５年）２月15日　　第１版第１刷発行

著　者　寺　岡　　寛
発行者　今　井　　貴
　　　　渡　辺　左　近
発行者　信山社出版株式会社

〒113-0033　東京都文京区本郷 6-2-9-102
電　話　03（3818）1019
ＦＡＸ　03（3818）0344

Printed in Japan

印刷・製本／亜細亜印刷・日進堂

ISBN978-4-7972-2859-5　C3333

人名索引

【あ行】
浅野総一郎　214
アデナウアー，コンラート　80, 122, 149
アベグレン　97
阿部謹也　20, 123
有澤廣己　22, 25
アーレント，ハンナ　200, 231
アンダーソン，ベネディクト　39
安藤正純　144
石塚史樹　104
石橋湛山　4, 140
石原莞爾　188
伊藤博文　1, 2
岩倉具視　194
ヴァグナー，オットー　29
ヴィルヘルム一世　1
上野陽一　111
ウェーバー，アルフレート　51
ウェーバー，マックス　52
ヴェブレン，ソースティン　5, 14, 152
ウェルズ，H・G　129
牛場信彦　136
内村鑑三　3
エストラージ，マリー　206
エーベルト，フリードリッヒ　16
オーウェル，ジョージ　235
大内力　178, 183
大久保利通　1
大倉喜八郎　214
大河内正敏　214, 215, 218
大森義太郎　203
大佛次郎　200
小保方晴子　208, 209
オーストリア・ハンガリー王国　15
【か行】
鹿子木員信　144
片山杜秀　185
カフカ，フランツ　17
川上悟　113
河上肇　2, 49
河田嗣郎　49
木戸孝允　1
清沢烈　124
工藤昭四郎　112
久米邦武　1, 194
久米正雄　128
ゲッペルス，パウル・ヨーゼフ　41, 136
ケプラー，ヴィルヘルム　119
ゲルナー，アーネスト　39
小磯國昭　144
幸徳秋水　3
小島精一　63
伍堂卓雄　198
ゴードン，ベアテ・シロタ　5
コール，ヘルムート　68, 104, 146, 149
【さ行】
斎藤憲　215

斎藤貴男　185
阪上孝　64
佐藤優　186
重光葵　127
司馬遼太郎　4
渋沢栄一　213, 214
渋谷一郎　219
嶋中鵬二　131
シャハト，ホレスト　25, 117, 118
シュツルム　31
シュタフェンベルク，クラウズ・フォン　36
シュトレーゼマン，グスター　26
シュミット，ヘルムート　146, 149
シュレーダー，ゲアハルト　68, 151
ショー，ジョージ・バーナード　130
ジョブズ，スティーブ　208
シンドラー，オスカー　36
末次信正　133
鈴木貫太郎　145
スターリン　163
スミス，アンソニー　40
関曠野　54
ゾラ，エミール　206
【た行】
高橋亀吉　141
高峰讓吉　213
田川健三　184
田中義一　176, 177, 178, 179
団琢磨　214
對馬達雄　37
鶴見祐輔　128
チャーチル首相　131
チャンドラー，アルフレッド　99, 100
テイラー，フレデリック　57
テミン，ピーター　11
ドア，ロナルド　91, 93
東条英機　127, 133
徳富蘇峰　128, 132, 144
ドゴール　80
ドレクスラー，アントン　27
ドレフュス，アルフレッド　200
トロツキー　205
【な行】
永井柳太郎　128
中井良太郎　127
中江兆民　2
長岡治男　218
長岡半太郎　215, 218
中野正剛　133, 203
中島久万吉　214
中村幹雄　28
西山忠範　95
野口米次郎　128
ノルテ，エルンスト　157
【は行】
ハインドマン，マシュー　222, 225
パーソンズ，タルコット　51
バートレット，ジェイミー　230, 234, 235
ハーバー，フリッツ　195
ハフナー，セバスチャン　17, 116
播久夫　109

ビスマルク，オットー・フォン　1, 14, 116
ヒトラー，アドルフ　10, 27, 33, 52, 57, 116, 118, 122, 159, 165, 177, 183, 192
ヒンデンブルク　34, 57
フェルディナンド，フランツ　15
藤沢威雄　196
伏見宮貞愛親王　214
プーチン大統領　73
フランコ将軍　165
ブーランジェ将軍　203, 204
ブランド，ヴィリー　35
フリードマン，ジョージ　22, 155, 228
ブリューニング，ハインリッヒ　117
ブレア首相　68
プロクター，ロバート　170
フロム，エーリッヒ　188, 189, 191
フンク，ヴァルター　33
ヘス，ルドルフ　120
ベルガー，ハンス　70
ベルント，エンノ　85, 93
ボイド，ジュリア　166, 169
ボッシュ，カール　195
ホームズ，エリザベス　207
本多熊太郎　133
ポンピドゥー　80
【ま行】
松岡洋右　30, 124, 133
益田孝　214
町田忠治　141
松本烝治　6, 144
マルクス，カール　14, 51
丸山眞男　176
三戸公　94
ムッソリーニ　125, 131, 144, 157, 159, 165, 176, 177
メルケル，アンゲル　44, 147, 151, 152, 153
森村市左衛門　214
モルトケ　1
【や行】
柳澤治　58, 62, 198
山県有朋　3
山川健次郎　214
山下奉文　110
山中伸弥　211
山本五十六　128
山本義隆　196
【ら行】
ランシマン，デイビッド　233
ルイス，アーサー　11
ルーデンドルフ，エーリッヒ　19
レーニン　205
蝋山正道　140
ロック，ド・ラ　164
ローズヴェルト大統領　131
【わ行】
和田豊治　214
渡辺尚　73, 74

事項索引

【あ行】
アイヒマン裁判　200
アウタルキー　118
青シャツ　165
憧れの国　123
アジェンダ2010　68, 152
アデナウアーの外交　122
アーリア人種優越論　162
『暗黒日記』(『戦争日記』)　124
家の論理　95, 96, 98
イタリア　162, 164, 176
一工場一品主義　216, 217
イノベーション　226, 227
岩倉使節団　1, 194
インターネット　221, 225, 228, 230
インターンシップ制度　104
ヴァンゼー会議　35
ヴェルサイユ条約　51, 55, 64, 120
裏切られた革命　17
英米仏占領地区(西ドイツ)　6
越国境巨大企業　207
エリゼ条約　80
欧州株式会社規則　101
欧州連合　23
大杉虐殺事件　124
オーストリア・ハンガリー帝国　15
【か行】
海軍軍縮会議　125
介護保険　48
会社経理統制令　59
革新官僚　60
カトリック　24
ガバナンス論(コーポレート・ガバナンス)　89, 90, 101
株式会社法　59
株式持ち合い　90
株主資本主義　93
カリフォルニアン・イデオロギー　232, 234
カルテル　63, 181
カルテル令　110
監査(監督)役会　101
起業家経済　72
ギグエコノミー　72
ギグワーク　8
技術指導　61
規制緩和　66
疑似ファシズム　159
基本権　9
基本法　7, 8
キメラマウス　211
ギリシャ債務危機　45, 152, 153
競争的経営者資本主義　99
協調的経営者資本主義　99
共同決定方式　91
経営協議会法　101
経済新体制　197
経済統制派　199
経済分断モデル(二重経済モデル)　11

恵沢（blessings）　8
憲法制定会議（フランクフルト）　14
グリーン・ルール　77
黒シャツ　165
グローバル化　12, 90, 104
経営モデル　84
ケベック会議　131
原価計算　110
健康主義　172
高文化（高文脈文化）　32
公的年金　48
合理化運動　123
国際カルテル　119
国民国家　9
国民自力更生運動　59
国民戦線（ルパン）　82
個人資本主義　99
国家主導主義　182
国家総動員法　60, 182
国家ブランド（Made in Germany）　78
コンサルタント業　105, 106

【さ行】

再生可能エネルギー　80
サイバー攻撃　231
財務諸準則統一協議会　111
ザクセン州　76
産業革命　55
産業合理化（政策）運動　57, 110, 181, 195
産学連携　215
三国同盟　34
シェンゲン協定　44, 80
7月20日事件　36
ジニ係数　67
資本主義工業批判　217
シャイアット・デイ　208
社会化　63
社会市場経済体制　67, 101
社会福祉国家　46
シュヴェーベンの主婦　152
就業促進法　104
重工業化　57
自由民権論　2
手工業　56, 62, 66
小国主義　3, 124
少子高齢化　48
新憲法草案　5
新自由主義　67, 68
神聖ローマ帝国　55
『新独逸国家体系』　60
親ファシズム　159
スウェーデン　163
スタップ（STAP）細胞　210, 212, 219, 220
スタート・アップ　71
スターリングラード戦　35
ステークホルダー論　90, 95
スピンオフ的企業　216
スペイン　165
生存圏　28, 29
生命線　30
世界恐慌　22
世界平和　8
セラノス事件　207
全権委任法　7, 33, 182
戦時経済令　25

戦争の放棄　9
ソビエト連邦　64
ソフトなファシズム　185
【た行】
大企業　61, 62, 70, 88, 179
大国主義（領土拡張主義）　3
大正デモクラシー　4, 182
第四次産業革命　103
多民族国家　46
血と土の祭典　167
中間階級（階層）　11, 69
中国（市場）　79
中小企業　56, 61, 62, 66, 70, 88, 99, 194
中小企業診断員　112
中小企業診断士制度　106, 112
帝国国防方針私案　3
低文化（低文脈文化）　41
テクノ・ナショナリズム　207, 212, 213, 219, 221
デジタル・エコノミー（ニュー・エコノミー）　221
デジタル・テクノロジー　235
天　皇　9, 174, 183, 187
天皇制ファシズム　174, 176
デンマーク　163
ドイツ　23, 156, 161
ドイツ経営学（経営経済学）　100
ドイツ革命　17, 18
ドイツ革命の申し子　118
ドイツかぶれ　2
ドイツ技術　197
ドイツ軍事体制（軍産複合体制）　195
ドイツ原価計算総則　111
ドイツ原価計算制度　28
ドイツ原価計算文献　110
ドイツ皇帝　116
ドイツ社会民主党　28
ドイツ中小企業　84, 85
ドイツ帝国元首法　34
ドイツ的　21
ドイツのための選択肢（AfD）　45
ドイツ贔屓　2
ドイツ民族　30
ドイツ理想論　1, 46, 67, 102, 151, 168, 194
ドイツ連邦の成立　13
ドイツ労働者党　27
東西ドイツ統一　16, 81
統制経済論　57
トランプの人種的レトリック　13
ドレフュス事件　201, 203, 204, 206
トルコ人　43
トルコ第三の都市（ベルリン）　44
【な行】
ナショナリズム　39, 173
ナチス（ズム）思想　5, 10, 59, 133, 164, 183
ナチ党（国民社会主義ドイツ労働者党）　6, 28, 29, 31, 33, 37, 38, 56, 117, 119
難民受け入れ　44
西ドイツ（ドイツ連邦共和国）　64

二重経済モデル　11
日独比較論　194
日清戦争　2
日本国憲法（草案）　5
日本的経営論　86, 97
日本的ファシズム論　32
ニューディール　181, 182
ニュールンベルク人種法　34
ニュールンベルク大会　167
ネオナチ運動　44
農村工業振興論　217
ノーベル賞　210, 111, 219
ノーベル平和賞　36
ノルウェー　163
【は行】
バイエルン州（ミュンヘン）　75
ハイテク・ベンチャー　78
ハイパー・インフレーション　55, 116
ハイル・ヒトラー　167
バザール経済化　78
バーベル経済　231
パラレルワーク（副業）　49
パリ講和会議　64
ハルツ改革　69
バルメン宣言　150
ハンザ同盟　75
反社会主義・親資本主義　60
反社会主義・反資本主義　183
半熟議会主義　182
反チェイン・ストア運動　32
半ファシズム　159
反マルクス主義・反自由主義　60
反ユダヤ主義　164, 166, 167, 172, 206
東ドイツ（ドイツ民主共和国）　64
非ケインズ効果　152
ビスマルク外交　15
非正規雇用　48, 104
一つの民族・一つの国家を一人の総統　175
ヒトラー・ユーゲント　34, 170, 177
非ナチ化・非軍事化・民主化・非中央集権化　65
百貨店法　32
ファシスト運動　164, 174
ファシズム　157, 159, 162, 163, 164, 165, 166, 171, 172, 174, 178, 182, 192
フィンランド　40, 102, 158, 160, 232
フェビアン協会　130
フォルクスワーゲン　89
富国強兵　2
普仏戦争　116
フランクフルト文書　6
ブーランジェ将軍　203, 204
フランス　23, 55, 65, 79, 80, 96, 117, 122, 144, 201, 203
フランス革命　205
フランス主義党　164
フリーランス社会　49
プロイセン王国　13, 16, 55, 116
焚書騒ぎ　167
米国型資本主義　67
平和希求　9

ベーシック・インカム制度　232
ベルリン・オリンピック　168
ベンチャー・キャピタル　208
簿記研修会　62
簿記指導　61, 108, 109
ボッシュ　66
ポツダム協定　65
ボリシェヴイズム　158, 165
ボリシェヴィキ　158, 161
ポルトガル　165
【ま行】
マイスター制度　66
マーシャル・プラン　65
マーストリヒト条約　81
魔法の森　4
マルクス主義　54, 160, 165
満州問題　59
未完のファシズム　187
ミニジョブ　48, 49
ミュンヘン一揆　117
無責任体制ファシズム　183
【や行】
ヨーロッパ的　21
Uボート無差別攻撃　16
ユダヤ人の強制労働　35
ユダヤ人問題　161, 191
輸入天然ガス　80
ユンカー　34, 56, 116, 117
【ら行】
ライン型資本主義　67
ラインラント　26
ラッポ運動　158, 160
理化学研究所　213
リケジョ　208
理研コンツェルン　216, 217, 218
リースター年金　47
臨時産業合理化局　110, 181
レーガン・サッチャー時代　72
歴史的想像力　184
歴史的類比の思想　184
レンテンマルク　55
労使協議会　102
労働委員会法案　102
ロシア　3
ロビンソン・パットマン法　32
【わ行】
『我が闘争』　120
ワイマール共和国　10, 11, 25, 100, 116, 152
ワイマール憲法　7, 101, 190
ワーキングプア　49
ワークシェアリング　89